# 使徒信条の歴史

本城仰太

教文館

# まえがき

皆さまは使徒信条をご存知でしょうか。ほとんどの方がうなずいてくださると思います。皆さまが通っておられる教会の礼拝で、使徒信条を告白しているでしょうか。これも多くの教会でなされていることと思います。使徒信条に関する何らかの本を読まれたことがあるでしょうか。たくさんの本がすでに出版されていますから、読んだことのある方も多いかもしれません。

それでは、使徒信条が歴史的にどのように成立したか、皆さまはご存知でしょうか。これは案外知られていない、いや、ほとんど知られていないと思います。使徒信条に関する本はたくさん出版されていても、それらのほとんどは使徒信条に込められている信仰や言葉の意味の解説で、歴史的にどのように成立していったか、ということを書いた本は日本ではほぼ皆無なのです。

私が神学生だった頃、「使徒信条がどのような歴史で成立したのか」ということに興味関心を持ちました。神学校の先生たちや牧師たちにこの質問をぶつけてみました。ところが、色よい返事は返ってきませんでした。唯一、返ってきた答えはこうでした。「使徒信条は古ローマ信条から成立した」。皆が呪文を唱えるように口をそろえてこう言うのです。しかしさらなる問いが出てきます。「古ローマ信条とは何なのか」「これがどのように成立したのか」「ローマという地名がつけられているが、ローマだけのものなのか」「ほかの地域はどうなのか」「古ローマ信条からどのように使徒信条が成立していったのか」「そもそもこれは正しいのか」。これらの問いには誰も答えることができませんでした。

本書ではこれらの問いに答えていきたいと思います。日本での使徒信条成立史研究は、外国と比べて少なくとも五〇年遅れています。本書では外国での研究成果も踏まえながら、使徒信条の歴史を記していきたいと思います。ただし、本書は研究書としてではなく、なるべく平易な言葉で書くように心掛けました。特に日曜日の礼拝で使徒信条を告白している信徒の方々に読んでいただきたいと思ったからです。また、これから信仰を言い表して洗礼を受けようと志しておられる方々にも読んでいただければ幸いです。普段、自分が告白しているものが、あるいはこれから告白しようとしているものが、どのようなルーツを持つものなのかを知っていただき、二〇〇〇年の歴史を背負っている使徒信条の重みを感じていただきたいと願っています。

# 目次

# 使徒信条の歴史

# 使徒信条（『讃美歌21』93－4より）

## A

我は天地の造り主、全能の父なる神を信ず。
我はその独り子、我らの主、イエス・キリストを信ず。
　主は聖霊によりてやどり、処女マリヤより生れ、
ポンテオ・ピラトのもとに苦しみを受け、
十字架につけられ、
死にて葬られ、陰府にくだり、
三日目に死人のうちよりよみがへり、
天に昇り、
全能の父なる神の右に坐したまへり、
かしこより来りて、生ける者と死ねる者とを審きたまはん。
我は聖霊を信ず、
　聖なる公同の教会、聖徒の交はり、罪の赦し、身体のよみがへり、永遠の生命を信ず。
アーメン。

## B

わたしは、天地の造り主、全能の父である神を信じます。
わたしはそのひとり子、わたしたちの主、イエス・キリストを信じます。
主は聖霊によってやどり、おとめマリアより生まれ、
ポンテオ・ピラトのもとで苦しみを受け、
十字架につけられ、
死んで葬られ、よみにくだり、
三日目に死人のうちからよみがえり、
天にのぼられました。
そして全能の父である神の右に座しておられます。
そこからこられて、生きている者と死んでいる者とをさばかれます。
わたしは聖霊を信じます。
きよい公同の教会、聖徒の交わり、罪のゆるし、からだのよみがえり、永遠のいのちを信じます。
アーメン。

# 第一章　信条とは？

## 中高生二人の信仰告白

私が仕えていた教会で、中高生の二人が信仰告白をすることになりました。一人は高校一年生、もう一人は中学一年生です。二人とも幼児洗礼を受けていたので、クリスマス礼拝で信仰告白をすることになり、私と三人で信仰告白に向けての学びをすることになりました。

第一回の学びの時のことです。私が二人に質問をしました。「お二人は信仰告白をしようとしていますが、何を信じて告白しようとしているのですか」。二人は答えます。「神さまを信じています」「イエスさまを信じています」。まことに的確な答えです。しかし私は続けてこう尋ねました。「それでは、その神さまとはどのようなお方ですか。イエスさまとはどのようなお方ですか」。この問いに対して、二人は「……」と黙ってしまいました。

相手は中高生ですので、これは少し意地悪な質問だったと自覚しています。しかし私はどんな方に対しても、最初にこのように問いかけています。ほとんどの方が「……」となってしまいます。

しかし意地悪をするためにこうしているのではなく、大事なことをお伝えするためなのです。神さまはどのようなお方なのか、イエスさまはどのようなお方なのか、自分で答えを探し出す必要はありません。もうすでに教会はその答えを持っています。その答えが信条なのです。だからこれから一緒に信条を学んでいきましょう。そして牧師である私から、信条の言葉に沿ってお尋ねします。「あなたはこの信条に示されている神さまを信じますか。イエスさまを信じますか」。それに対して、「わたしは信じます」と答えることができれば、あなたは洗礼を受けることができます、信仰告白をすることができます。そのようにお話をすると、みんな安心をします。私はこのやり取りをして、洗礼や信仰告白のための学びをスタートさせています。

信条の言葉は、教会が長い間かけて整えてきた信仰告白の言葉です。その中に、神がどのようなお方なのか、イエスさまがどのようなお方なのか、聖霊がどのようなお方なのかということが言い表されています。二〇〇〇年前の教会の人たちも、一〇〇〇年前の教会の人たちも、今の私たちも、こういう信条の言葉で信仰を告白しました。もちろん人それぞれ、導かれ方はさまざまです。時代も言語も経験も多様です。それはそれで構いません。しかし皆が同じ信仰を告白し、同じ神を信じる兄弟姉妹になるのです。多様な者を一つに結びつけ、教会を一致させるのが信条なのです。

信条の中でも特に使徒信条は、最も古く、最も権威ある信条と言ってよいでしょう。日本の教会で最も親しまれている信条です。二〇〇〇年にわたって時代や場所を超えて告白されてきた使徒信条を、私たちも受け継いでいるのです。

## 聖書の信条的な言葉

聖書の中に信条そのものは出てこないかもしれません。しかしそれに近い言葉があります。まずは聖書の中に収められているそれらの言葉をいくつか見ていきたいと思います。

旧約聖書から一つ挙げます。申命記に最古の信仰告白と言われているものがあります。

あなたはあなたの神、主の前で次のように告白しなさい。「わたしの先祖は、滅びゆく一アラム人であり、わずかな人を伴ってエジプトに下り、そこに寄留しました。しかしそこで、強くて数の多い、大いなる国民になりました。エジプト人はこのわたしたちを虐げ、苦しめ、重労働を課しました。わたしたちが先祖の神、主に助けを求めると、主はわたしたちの声を聞き、わたしたちの受けた苦しみと労苦と虐げを御覧になり、力ある御手と御腕を伸ばし、大いなる恐るべきこととしるしと奇跡をもってわたしたちをエジプトから導き出し、この所に導き入れて乳と蜜の流れるこの土地を与えられました。わたしは、主が与えられた地の実りの初物を、今、ここに持って参りました」。（申二六・五―九）

献げ物を携えて礼拝にやってくる場面が想定されているようです。注目していただきたいのが、最初と最後にある「わたし」という言葉です。「わたし」という一人の信仰者が献げ物を携えて、これから礼拝をしようとしています。しかし途中のところには「わたしたち」という言葉が多用されています。これは「わたしたち」共通の信仰告白だからです。礼拝するのは一人の「わたし」ですが、「わたしたち」共通の信仰告白を持っているのです。

実はこの「わたし」「わたしたち」というのも、信条の言葉の中でとても大事な言葉の一つです。信仰を告白するのは「わたし」です。洗礼や信仰告白の際にも「わたし」の信仰が問われます。しかしそれは「わたし」だけの独自の信仰ではなく、「わたしたち」の信仰になっていくのです。

続けて、新約聖書からいくつか見ていきましょう。まずはマタイによる福音書からです。

彼らに父と子と聖霊の名によって洗礼を授け……。

（マタ二八・一九）

主イエスが天に上げられる直前に弟子たちに語られた大宣教命令、あるいは大洗礼命令のお言葉です。ここには信仰告白の言葉それ自体はないかもしれませんが、父・子・聖霊という三位一体の神の名による形式があります。信条の言葉もこの形式に沿って整えられていきましたので、この聖書箇所が与えた影響は大きかったと言えるでしょう。古代の時代から作られていった信条のほとんどは、三重の定式（父・子・聖霊）もしくは二重の定式（父・子）のいずれかです。

次に、コリントの信徒への手紙一からです。

わたしたちにとっては、唯一の神、父である神がおられ、万物はこの神から出、わたしたちはこの神へ帰って行くのです。また、唯一の主、イエス・キリストがおられ、万物はこの主によって存在し、わたしたちもこの主によって存在しているのです。（一コリ八・六）

二〇〇〇年前のコリント教会で告白されていた信仰告白か歌われた賛美歌でしょうか。礼拝の中で唱えられていたか、歌われていたものと思われます。非常によく整えられた言葉になっています。父・子・聖霊のうち、聖霊の項目はありませんが、父なる神と子なる神に対する「わたしたち」の信仰告白の言葉となっています。

もう一つ、コリントの信徒への手紙一から、重要な箇所を挙げたいと思います。

最も大切なこととしてわたしがあなたがたに伝えたのは、わたしも受けたものです。すなわち、キリストが、聖書に書いてあるとおりわたしたちの罪のために死んだこと、葬られたこと、また、聖書に書いてあるとおり三日目に復活したこと、ケファに現れ、その後十二人に現れたことです。（一コリ一五・三―五）

キリストが死んで、葬られ、復活したという言葉は、使徒信条にも出てくる言葉です。特に注目したいのが、「最も大切なこととしてわたしがあなたがたに伝えたのは、わたしも受けたものです」という言葉です。この手紙を書いた使徒パウロは「受けたもの」を「伝えた」と言っています。ここでの「伝える」という言葉はラテン語（ローマ帝国西方で使われていた公用語で、その後の教会でもずっと大事にされてきた言語）では trado という言葉です。元のラテン語では「手渡す」という意味があります。やがてこの語は英語の tradition（伝統）や trade（トレード）という言葉になっていきました。「〇〇教会の伝統」と言う場合、〇〇教会で前の世代から今の世代へ、今の世代から次の世代へ、手渡されるように受け継がれてきたことを意味します。あるいは野球の球団同士でトレードがなされる場合、A球団からB球団へ選手が手渡され、B球団からもA球団へ選手が手渡されることによってトレードが成立します。コリントの信徒への手紙一の文脈では、パウロに「手渡された」ものを、今度は自分が「手渡している」のです。その手渡しているものの中身こそが、キリストが死んで、葬られ、復活したという信条なのです。

最後に、使徒言行録から挙げたいと思います。

道を進んで行くうちに、彼らは水のある所に来た。宦官は言った。「ここに水があります。洗礼を受けるのに、何か妨げがあるでしょうか」。（†底本に節が欠落　異本訳）フィリポが、「真心から信じておられるなら、差し支えありません」と言うと、宦官は、「イエス・キリストは神の子であると信じます」と答えた。そして、車を止めさせた。フィリポと宦官は二人とも水の中に入って行き、フィリポは宦官に洗礼を授けた。
（使八・三六―三八）

フィリポがエチオピアの宦官に説教を語り、信じた宦官が洗礼を受ける場面です。三七節は写本によって入れられているものとそうでないものがあります。新共同訳聖書では、三七節は本文には入れられておらず、使徒言行録の最後のところに注のような形で付されています。ここではこの議論に深入りしませんが、この三七節の言葉は最初期の教会の洗礼式の様子を何らかの形で表していると思われます。洗礼を受ける宦官が「わたしは信じます」と答え、洗礼が授けられたのです。その際に告白しているのが、「イエス・キリストは神の子である」という信仰告白の言葉なのです。おそらくフィリポから説教の中で教えられた言葉でしょう。

このように信条の言葉の萌芽が聖書の中に見られます。「わたし」の信仰告白でありながら、「わたしたち」の信仰告白として、三位一体の定式を取りながら、礼拝の中で唱えられたり歌われたりしました。そのような信仰告白の言葉を、教会の人たちは「受け取り」「手渡していった」のです。そして使徒言行録の記述から、信条の言葉は特に洗礼にかかわるところで言葉が整えられ、発展していったに違いありません。

## 「信条」という言葉

ところで、「信条」という言葉はギリシア語ではσύμβολονと言い、ラテン語ではsymbolumと言います。この語はその後の英語ではsymbolという語になりました。symbol以外に、creedやconfessionという言葉も、信条の訳語として考えられるでしょう。creedは、ラテン語のcredo（わたしは信じる）から生じました。confessionは、これもラテン語から生じましたが「告白」という意味なので、「信条」とは少し違う言葉と言えます。

さて、この「信条」というギリシア語σύμβολονとラテン語symbolumでは、どちらが古くから使われていた言葉なのでしょうか。実は事典や文献を調べていくと、両方の説があります。ギリシア語が先だと言っている人もいれば、いや、ラテン語の方が先だと言っている人もいるのです。

ここで、ラテン語のsymbolumのもともと持っていた意味を見ていきたいと思います。やがて教会的な「信条」という意味になったこの言葉は、元来は世俗的な別の意味を持っていました。テルトゥリアヌスという二〇〇年前後に北アフリカのカルタゴで活躍した神学者は、船の積荷の「証明書」という古い意味を紹介してくれます。例を挙げると、ポントス発ローマ行きの船に乗せるべき荷物があるとします。この荷物をポントスからローマ行きの船にきちんと乗せなければなりません。どうしたら乗せられるでしょうか。きちんとした「証明書」を張り付けておけばよいのです。その

「証明書」（symbolum）が識別の「しるし」となるのです。

ルフィヌスという四〇〇年頃に信条の注解を書いた神学者は、敵味方の兵士を識別する「合言葉」という古い意味を紹介してくれます。戦争の時、正体不明の兵士がいた場合、その兵士に「合言葉」を尋ねます。きちんと「合言葉」を言うことができれば味方の兵士、できなければ敵の兵士となります。その兵士が「合言葉」（symbolum）を知っているかどうかが「しるし」となるのです。アウグスティヌスという最も偉大なラテン教父は、ビジネスにおける「契約書」という古い意味を紹介してくれます。ビジネスでは相手を選ぶ必要があります。その相手に対して発行するのが「契約書」です。私とあなたは契約関係にある、そのことを証明するためのものです。相手がきちんと「契約書」（symbolum）を持っていれば、その人は商売の相手であるとの「しるし」となるのです。

このようにsymbolumには「証明書」「合言葉」「契約書」といった幅広い意味が元来はありました。ある信条成立史の研究者が、symbolumには「特定の権利を付与する類いのもの」という意味があったと言っています。つまり、人や物に何らかの権利を与えるための「しるし」「シンボル」なのです。

そのような意味で世俗的に使われていたsymbolumが、教会的な「信条」という意味を持つようになりました。キプリアヌスというカルタゴの司教が二五〇年頃に手紙を書いています。その手紙の中で、洗礼式の際に司式者から受洗志願者に尋ねる「洗礼の質問」という意味でsymbolumという言葉を使っている事例があります。「あなたは、天地の造り主、全能の父なる神を信じますか」と、司式者が受洗志願者に尋ねます。まさに信条の言葉そのもので尋ねるのです。キプリアヌスはこのような「洗礼の質問」のことをsymbolumと表現しているのです。洗礼式で「あなたは信じますか」と質問をし、「わたしは信じます」と答えて洗礼を受ける人に、「特定の権利を付与するためのシンボル」を授けるのです。あなたはキリスト者だというシンボルです。「信条」というシンボルを付与されて、キリスト者になるのです。

キプリアヌスの手紙は二五〇年頃書かれましたので、この頃にはsymbolumという言葉が、今の私たちが考えるような「信条」という教会的な意味を獲得していたと考えられます。ラテン語ではこういう一連の流れを見ることができます。もともとは世俗的だった意味が、教会的な意味を獲得するプロセスがあったのです。ギリシア語でもおそらく同じような状況だったと思われます。ギリシア語σύμβολονとラテン語symbolumでは、どちらが先に教会的な「信条」という意味を獲得したかは分かりませんが、三世紀頃になると、今の私たちが使っている「信条」とほぼ変わりのない意味で使われるようになったのです。

## 洗礼式における信条

ここで、キプリアヌスが書き残した「洗礼の質問」（＝信条）の言葉を示したいと思います。

あなたは、聖なる教会を通して、罪の赦しと永遠の命を信じますか。

残念なことに、キプリアヌスは信条の言葉の一部だけで、全体を示してくれていません。この手紙の文脈が教会に関することなので、その部分だけなのです。ちなみに、「聖なる教会を通して」というのは、今の使徒信条にはない独特な表現ですが、北アフリカでの信条に共通する特徴的な言葉です。キプリアヌスは司教でしたから、こういう質問形式で信条の言葉を口にしながら、多くの人に洗礼を授けたに違いありません。

その他の質問形式の信条もいくつか見ていきたいと思います。「古ゲラシウス典礼」と呼ばれているものの中に、こういうものがあります。

あなたは、全能の父なる神を信じますか。
あなたは、我らの主、その独り子、生まれ、受難したイエス・キリストを信じますか。
あなたは、聖霊、聖なる教会、罪の赦し、体の甦りを信じますか。

これはパリ近郊で七五〇年頃に書かれたものと言われています。その時代にその地域で使われていた洗礼式の言葉だったことは間違いありませんが、問題はいつの時代までさかのぼれるかということです。これはかなり古いものではないかと考えられています。ある研究者が四〇〇年頃には使われていたのではないかという証拠を見つけ、さらに二〇〇年頃の証拠も見つけ、信条の最古の形に近いと主張しています。なぜかと言うと、この信条の第二項がとてもシンプルなものだからです。今の使徒信条の第二項は、子なる神イエス・キリストがどのようなお方かを告白するために、かなり多くの文言を費やしています。使徒信条では、「主は聖霊によりてやどり、処女マリヤより生まれ、ポンテオ・ピラトのもとに苦しみを受け、十字架につけられ、死にて葬られ、陰府にくだり、三日目に死人のうちよりよみがえり、天に昇り、全能の父なる神の右に座したまえり、かしこより来りて、生ける者と死ねる者とを審きたまわん」というように、かなりの長文になっています。しかしこの「古ゲラシウス典礼」はとてもシンプルです。特に「生まれ、受難した」という二語は、古代からの特徴的な文言です。教会の最初期の人たちは、イエス・キリストが私たちと同じ人間として「生まれた」お方であり、十字架で「受難した」お方である、そのことを重視したのです。

こういうシンプルだったものが、やがて文言が足されて膨らんでいきます。四世紀にローマで用いられていたものと思われる洗礼の質問を見ていきましょう（実はこの洗礼の質問は、三世紀初頭のローマのヒッポリュトスという人物のものだと考えられていましたが、実際にはこれは三世紀のヒッポリュトスのものではなく、四世紀のものだった、ということが二〇世紀末に明らかになりました）。

あなたは、全能の父なる神を信じますか。

あなたは、神の子、キリスト・イエス、
聖霊によって処女マリアから生まれ、
ポンテオ・ピラトのもとに十字架につけられ、
死んで、葬られ、
三日目に死人のうちから生きて甦り、
天に昇り、
父の右に座し、
生きている者と死んでいる者とを審くために来られるのを信じますか。
あなたは、聖霊、聖なる教会、体の甦りを信じますか。

先ほどの「古ゲラシウス典礼」と比べてどうでしょうか。第二項の子なる神の部分に多くの文言が付加されていることが分かります。イエス・キリストがどのようなお方なのか、最初期の「生まれ、受難した」だけでは足りず、もっと丁寧に告白する必要が生じたからです。こういうところに信条の発展を見ることができます。

## 洗礼式前の信条の「伝達」と「復唱」

さて、これまでに見てきたものは、洗礼式当日の様子です。洗礼を授ける聖職者が質問をし、受洗志願者が「わたしは信じます」（credo）と答えます。しかし洗礼式当日に至るまで、長いプロセスがあったはずです。私たちも洗礼を受ける時、いきなり洗礼式当日を迎えられるわけではありません。牧師との洗礼に向けての学びがあり、長老会（役員会）での試問会があります。それらを通り抜けて、洗礼式当日を迎えるわけです。洗礼に向けてのプロセスは人によって長短はさまざまでしょうが、実は古代の時代、そのプロセスが今と比べてもっと長いものだったと言われています。迫害の時代だったことも関係していますが、三年ほどの期間を経なければならず、洗礼式もイースターの時だけになされることが多かったようです。

それでは、洗礼式に至るまでのプロセスで、信条はどのように用いられたのでしょうか。信条の「伝達」（受洗志願者への教育）と「復唱」（受洗志願者が暗唱）の実践がなされました。受洗志願者は聖書のこと、信仰のこと、お祈りのこと、さまざまなことを教えられます。その学びの最終段階で、信条の「伝達」がなされます。信条の言葉はあまり公にはされず、秘密であった場合も多いようです。その信条がついに洗礼直前に明かされる時がやってきます。受洗志願者たちが教室のようなところに集められます。聖職者が先生となり、今まで秘密にしていた信条を「伝達」するのです。

その講義の史料がいくつも残っています。「全能の父なる神という言葉には……という意味がある。……イエス・キリストが父の右に座したもうとは……と理解すべきである」というような内容の講義です。受洗志願者はこの講義をしっかり聴き、そして信条を暗記することが求められました。アウグスティヌスは信条の「伝達」の講義の最後に、このように言っています。

八日の間に、あなたは今日受け取ったものを返す必要がある。あなたをサポートしてくれる両親に、あなたの準備が整えられるようにしてもらおう。あなたがここで祝うことになる祈りのため、夜明けに起きていることができるように。ここで今、あなたに信条を授けたのであり、あなたは精を出してこれを暗記しなければならない。しかし緊張してはならない。なぜならそのような緊張は、信条を暗唱することを失敗させるだろうから。心配するな。私たちはあなたの父たちであり、学校の先生のように鞭や棒を持っていないからである。言葉を間違えることがあっても、少なくとも信仰を間違うことのないように。

（『説教』二一三・八）

そして実際に試験がなされます。受洗志願者は信条を暗記して、口頭で述べる必要があるのです。それが信条の「復唱」ということです。アウグスティヌスはローマでの「復唱」の実践を、このように紹介してくれています。

ついにウィクトリヌスは信仰を告白すべきときがきた。ローマでは、あなたの恵みを受けようとする人びとは一段と高いところから信者たちの面前で、暗記したきまり文句で、信仰告白をする習慣である。シンプリキアヌスの話によると、ウィクトリヌスはその文句をもっと内輪で述べるように、長老たちから勧告されていた。こういうことも、恥じらいのためにどぎまぎするかもしれない人びとには許されていた。しかし、ウィクトリヌスは長老たちの勧告を斥けて、自分の救いを聖徒の面前で述べようとした。かれが弁論術の教師として教えていたものは救いではなかったが、かれは救いを公衆の面前で述べたのである。……ウィクトリヌスは、立派な確信をもって、真実の信仰を告白し、それを聞いた会衆はみなかれのことばを自分の心中に取り入れようと思った。そしてじっさい、人びとは愛と喜びをもってそれを心中に取り入れたのである。この愛と喜びは、それを取り入れる手なのであった。

（アウグスティヌス、服部英次郎訳『告白』八・二・四）

ここではウィクトリヌスという人物が、洗礼を受けるための試問会に臨んでいます。緊張する人は、大勢の前でなくてもよいという配慮もあったようですが、ウィクトリヌスは皆の前で、暗記した信条を披露しました。アウグスティヌスはその時の様子を伝えてくれているのです。そしてその後、洗礼が授けられることになります。

今の日本の教会の試問会では、使徒信条の暗記のテストはしないかもしれません。受洗志願者への「配慮」がなされていると言えるでしょう。しかし大事なことは、信条の内容を踏まえて「わたしは信じます」と教会の信仰に同意することです。この点は昔も今も、そしてこれからも変わりはありません。「わたし」が信じて、今、洗礼を受けようとしています。教会はすでに「信条」という「わたしたち」の信仰の言葉を持っています。「わたしは信じます」と同意し、教会の「わたしたち」の中に加わっていくのです。信条は洗礼とのかかわりで用いられ、育まれ、発展していったのです。

# 第二章　信条の広がり

## 「信仰の基準」

前章では洗礼とのかかわりで信条が発展してきたことを見てきました。本章では洗礼とのかかわり以外のところでの信条の広がりを見ていきたいと思います。

ラテン語で trado という言葉があります。「手渡す」という意味があります。これについては第一章でもコリントの信徒への手紙一第一五章三節で使われている言葉として、すでにご紹介しています。教会の「伝統」という意味で使われます。教会が脈々と「手渡して」きたものがある。それが「伝統」の元来の意味です。

二―三世紀の教父たちも、この trado という言葉をよく用いました。例えば、二世紀にリヨンの司教だったエイレナイオスは、使徒たちから教会へ「手渡されてきたものがある」と語りました。その主張もかなり具体的で、エイレナイオスはローマ教会の司教のリストを挙げています。使徒のペトロとパウロに始まり、一代目がリノス、二代目がアネンクレートス、三代目がクレメンスと続き、エイレナイオスが生きていた時代の十二代目のエレウテロスに至るまで、ローマ教会の司教たちの名前を挙げていくのです。そしてこういう司教たちは、自分の前任者から「手渡され」、次の後任者へ「手渡した」とエイレナイオスは主張するのです。

それでは何を「手渡され」「手渡した」のでしょうか。その中身が「信仰の基準」というものです（ラテン語では regula fidei、英語では rule of faith と言います）。二つのものをご紹介しましょう。いずれも二世紀末から三世紀初頭にかけてのものです。

天と地とそこにあるすべての創造主なるひとりの神と神の子キリスト・イエス、すなわち自分が形成したものへの溢れる程の愛の故に処女からの誕生に身を服し、自らを通して人を神と一致させた方、ポンティウス・ピラトゥスのもとで苦難を受け、復活して栄光のうちに挙げられた方、救われる人々や、その父を軽んじ、また彼の再臨を軽んじる人々を永劫の火に送る方を。

（エイレナイオス、小林稔訳『異端反駁』三・四・二）

唯一の全能の神、世界の造り主を、また、その子、イエス・キリスト、処女マリアから生まれ、ポンティオ・ピラトのもとで十字架につけられ、三日目に死者の中から復活され、天に迎えられ、今や、父の右の座に着いておられ、生ける者と死せる者とを裁くために来られる方を、肉体の復活を通じて。

（テルトゥリアヌス、小高毅訳『処女のヴェールについて』一）

「信仰の基準」は二―三世紀の教父たちが盛んに用いたもので、使徒信条のように父・子・聖霊（あるいは父・子の二者）の部分に分かれた信仰告白の定式となっているものです。しかもその言葉はかなり流動的です。エイレナイオスのものとテルトゥリアヌスのものを比べれば、その差は一目瞭然でしょう。エイレナイオスもテルトゥリアヌスも複数の「信仰の基準」の言葉を示していますが、いずれも違った言葉になっています。文脈に応じて自由に、しかしある一定の枠組みをもって、信仰告白の言葉が紡ぎ出されているのです。

この「信仰の基準」はさまざまな文脈の中で用いられました。例えば、「あなたが受けた洗礼のことを思い起こしなさい。あなたが洗礼を受けたとき、『信仰の基準』を『手渡された』でしょう」というように、前章と同じく、「洗礼」にかかわりを持った文脈の中でも用いられています。その他に、「聖書の要約」という意味でも用いられています。二―三世紀は聖書が正典としてまだ固まっていなかった時代です。そういう時代の中にあって、エイレナイオスは福音書が四つだけだと力説しました。今の私たちにとっては福音書がマタイ・マルコ・ルカ・ヨハネの四つだということは常識です。しかしなぜ四つなのでしょうか。もっと多くてもよさそうな気もしますし、四つバラバラではなく一つにまとめてもよさそうです。エイレナイオスの時代、福音書は「一つだけだ」と主張する異端の勢力も、「いや、四つではなく、もっとたくさんのものを含めてもよい」と主張する異端の勢力もいたのです。そういう状況の中、聖書がまだ明確に固まっていない時代に、

「これが聖書の要約だ」という形で「信仰の基準」が示されたのです。つまり、聖書にはこのような父・子・聖霊なる神のことが証しされている、それこそが正しい基準だ、この基準に四つの福音書とも合致している、だから福音書は四つなのだ、エイレナイオスはそう力説したのです。

今、取り上げたことと重なりますが、「信仰の基準」は何と言っても「異端反駁」のために力を発揮しました。何のために挙げたのでしょうか。それは「異端反駁」のためです。自分たちは「信仰の基準」を「手渡されてきた」。手渡されてきたものは、使徒たちにさかのぼることができる。いや、イエス・キリストにまでさかのぼることができる。ところが論敵である異端者たちは、ローマの司教のリストで言えばその途中から始まったにすぎない。異端者たちは使徒たちにさかのぼることができないのだ、という論法です。教父たちは自分たちこそ正しい信仰の持ち主だ、と主張することができました。その正しい信仰の中身こそが「信仰の基準」だったのです。

先ほどエイレナイオスがローマ教会の司教たちの名前を挙げていることをご紹介しました。

## 口伝から書かれた信条へ

さらに別角度から、信条の広がりを見ていきましょう。ルフィヌスという人がいます。四〇四年頃に『信条講解』というものを書きました（この著作についてはまた後で詳しく触れます）。その中でルフィヌスは「書かれた信条は好まれない」というようなことを語っています。「これらの言葉は紙や羊皮紙に書かれてはならず、心の中に保存されるのである」。今とは違い、信条の言葉はあまり公にされることがなかったようです。受洗志願者にとっても洗礼を受ける直前にようやく教えてもらえるものでした。そして暗記することが求められました。つまり、書かれた本や紙が手渡されるのではなく、口伝えで聞いたものを心の中に暗記し、告白するというやり方だったので、信条が書かれることが少なかったのです。

しかし四世紀くらいになると、信条の言葉は次第に書かれた言葉にシフトしていきます。ルフィヌスは五世紀初頭でもまだ「書かれてはならず、心の中に保存される」と言っていますが、確実に書かれた信条、つまり固定化された信条へと時代はシフトしていったのです。

なぜそうなったのでしょうか。一つの理由は、キリスト教が公認されたことです。三一三年、コンスタンティヌス帝の「ミラノ勅令」により、キリスト教はいわゆる「公認」を得ました。その後、さまざまな優遇政策がとられるようになります。キリスト者の数は、「ミラノ勅令」の頃は全人口の一〇％ほどだったと言われていますが、これ以降、指数関数的に増加していきます。そうなると何が起こるでしょうか。今までの受洗準備会のペースでは間に合わなくなります。信条を「伝達」しなければなりませんが、効率よく「伝達」するために、書かれたものがあった方が当然便利になります。

もう一つの理由は、四世紀に東方教会でたくさんの固定化された信条が生まれていったことが挙げられます。ヒラリウスという人がいます。三五〇年頃からポワティエ（現在のフランス）の司教だった人です。ところが追放を経験します。彼は正統派の信仰の持ち主でしたが、後で触れる「アレイオス論争」の影響を受け、異端側が主流派になってしまった時に追放されてしまったのです。

追放先の東方から、三五八年頃に手紙を書きました。こういう内容です。

しかしこれらのことの間で、主において祝福され栄光を受けたあなたは、完全な使徒的信仰を保持しているが、あなたは今までのところ書かれた信仰については無知である。霊に満たされたあなたにとって、文字を必要としていない。あなたは心の中に刻まれていることを救いのために口で告白しているため、書かれたものを必要としていない。あなたは新しく回心して生まれる時みたいに司教に読んでもらう必要性を感じていない。しかし信仰を提示し、提示されたことを示す慣習の導入が必要である。信じられていることの意味が危険にさらされているところでは、文字が必要である。もちろん、健全な告白が書き留められることを妨げるものは何もない。

（『教会会議について』六三）

ヒラリウスは東方で書かれた信条が次々と打ち出されている現実を目の当たりにし、驚きながらも、西方の私たちにもこういう実践が必要ではないか、と言っているのです。西方教会ではそのような実践がありませんでしたので、ヒラリウスはびっくりしたのでしょう。東方教会は西方教会よりも、書かれた固定化された信条を先んじて作っていたのです。

## ニカイア信条（三二五年）とニカイア・コンスタンティノポリス信条（三八一年）

それではどうして東方教会で四世紀にたくさんの書かれた固定化された信条が作られていたのでしょうか。東方教会で何が起こっていたのでしょうか。「アレイオス論争」と呼ばれる教会を二分するような大きな論争が勃発したのです。この「アレイオス論争」については他の著作で詳しく触れられていますから、ここではごく簡単に概要だけをご紹介します。

東方のエジプトのアレクサンドリア教会にて、司教アレクサンドロスと長老アレイオスの対立が生じました。アレイオスは「ロゴスの存在しない時があった」と主張します。ロゴスは子なる神、イエス・キリストのことです。「存在しない時があった」ということは、時間の流れの中のある時に存在し始めたということになり、その時に造られたことになります。もちろん、私たち人間と同じタイミングではなく、ロゴスは第一の被造物だとアレイオスは主張しました。第一の被造物であるロゴスは、人間の模倣できる存在だと主張したのです。民衆からの一定以上の支持もありました。

しかしこの主張を問題視した司教のアレクサンドロスが三一九年にアレクサンドリアで教会会議を開催、アレイオスを断罪します。しかしアレイオスの支持者たちもいました。論争がアレクサンドリアの街を超えて、東方教会中に広まっていきます。やがては西方教会も巻き込む形で、ローマ帝国全土にこの論争が拡大をし続けてしまうのです。

この論争に終止符を打つために、三二五年に「ニカイア公会議」が開かれます。「公」という字が付けられていますが、これが初めての「公会議」になりました。東方教会を中心に、西方教会からの少数の参加者も含めて、総勢三一八人ほどの司教たちが集まったと言われています。このニカイア公会議にて、信条が採択されます。


われらは信ず。唯一の神、全能の父、すべて見えるものと見えざるものとの創造者を。

われらは信ず。唯一の主、イエス・キリストを。主は神の御子、御父よりただ独り生まれ、すなわち御父の本質より生まれ、（神よりの神、）光よりの光、真の神よりの真の神、造られずして生まれ、御父と同質なる御方を。その主によって万物、すなわち天にあるもの地にあるものは成れり。主はわれら人類のため、またわれらの救いのために降り、肉をとり、人となり、苦しみを受け、三日目に甦り、天に昇り、生ける者と死ねる者とを審くために来り給う。

われらは信ず。聖霊を。

御子が存在しなかった時があったとか、御子は生まれる前には存在しなかったとか、存在しないものから造られたとか、他の実体または本質から造られたものであるとか、もしくは造られた者であるとか、神の御子は変化し異質になりうる者であると主張するものを、公同かつ使徒的な教会は呪うものである。

（関川泰寛『ニカイア信条講解』六四―六五頁）

ここに採択された信条のことを「ニカイア信条」と言いますが、次に出てくる信条と区別する意味で、「(原) ニカイア信条」と呼ばれます。特徴的な言葉に傍点を打ちました。中ほどに出てくる「同質」というのはギリシア語で「ホモウシオス」という言葉です。「ウーシア」(本質)が「ホモ」(同じ)という意味があります。つまり、子なる神は父なる神と「同本質」であると言い表しており、アレイオス派の考えを否定しているのです(アレイオス派の考えでは、子なる神が第一の被造物になりますので、同本質とはなりません)。最後には「呪う」という言葉も使われています。これは「アナテマ」という言葉で、ガラテヤの信徒への手紙の冒頭で「呪われよ」と使われている言葉と同じです。

これら二つが「(原) ニカイア信条」の大きな特徴ですが、もう一つ踏まえたいのが、「われらは信ず」と始まっていることです。この言葉は父・子・聖霊なる神に対して三回使われています。使徒信条では「われは……信ず」です。前章で見てきた洗礼の質問は「あなたは信じますか」と問われ、「わたしは信じます」と答えます。しかし「(原) ニカイア信条」では「わたしたちは信じます」という言葉で信条が始まっています。これは教会会議で採択されたものなので、教会会議に出席していた「わたしたち」という言葉遣いなのです。

「わたしは信じます」「あなたは信じますか」という従来の表現に加え、「わたしたちは信じます」という信条がたくさん作られていきました。これは信条の発展を考える際にとても大事なことです。洗礼という限定的な場から、信条が用いられる場が広がっていったことを意味するからです。「わたしたち」となったことで、教会会議に限らず、礼拝やその他のところにも広げられていく可能性が秘められています。まずは「わたしたち」が使われた舞台となったのが教会会議でした。

三二五年にニカイア公会議が開かれ、「(原)ニカイア信条」が採択され、アレイオス派は斥けられました。これでめでたく解決したかと言えば、まったくそうではありませんでした。ニカイア公会議後、アレイオス派は巻き返しを図り、時には主流派の立場にも立ちました。論争はなおも続いていったのです。

ここではその詳細を省略しますが、三八一年、今度はローマ帝国の首都であるコンスタンティノポリス(今のトルコのイスタンブール、ローマから首都が移動していました)にて公会議が再度開かれ、「ニカイア・コンスタンティノポリス信条」が採択されました。

わたしたちは、唯一の神、全能の父、天と地と、見えるものと見えないものすべての造り主を信じます。

わたしたちは、唯一の主、神の独り子、イエス・キリストを信じます。主はすべての時に先立って、父より生まれ、光よりの光、まことの神よりのまことの神、造られずに生まれ、父と同質であり、すべてのものはこの方によって造られました。主は、わたしたち人間のため、またわたしたちの救いのために、天より降り、聖霊によって、おとめマリアより肉体を取って、人となり、わたしたちのためにポンテオ・ピラトのもとで十字架につけられ、苦しみを受け、葬られ、聖書に従って、三日目によみがえり、天に昇られました。そして天の父の右に座し、生きている者と死んだ者とをさばくために、栄光をもって再び来られます。その御国は終わることがありません。

わたしたちは、主であり、命を与える聖霊を信じます。聖霊は、父（と子）から出て、父と子とともに礼拝され、あがめられ、預言者を通して語ってこられました。

わたしたちは、唯一の、聖なる、公同の、使徒的教会を信じます。わたしたちは、罪のゆるしのための唯一の洗礼を、信じ告白します。わたしたちは、死人のよみがえりと来るべき世の命を待ち望みます。

（日本基督教団改革長老教会協議会教会研究所訳）

三二五年の「（原）ニカイア信条」を受け継ぎましたので、「ニカイア・コンスタンティノポリス信条」と呼ばれています。今ではこちらの三八一年の信条の方を「ニカイア信条」と呼んでいる場合が多いと思います。礼拝で「ニカイア信条」を告白している教会もあると思いますが、その場合はこちらの三八一年の「ニカイア・コンスタンティノポリス信条」をたいていの場合は告白しているでしょう。

特徴としては、傍点を打ちましたが、三二五年の時に用いられた「同質」（ホモウシオス）がそのまま用いられています。アナテマ（呪われよ）はなくなっています。文言も整えられ、特に「（原）ニカイア信条」では「わたしたちは聖霊を信じます」だけでしたが、聖霊がいかなる神なのか、その文言が足されています。ニカイア公会議が行われた三二五年からコンスタンティノポリス公会議が行われた三八一年にかけて、聖霊の神性をめぐる議論（聖霊は神なのか、聖霊も父と子と同様に「同質」（ホモウシオス）なのか、など）がなされ、聖霊論が発展していったのです。そしてやはり文頭の言葉は「わたしたちは信じます」となっています。三八一年のコンスタンティノポリス公会議には、三二五年のニカイア公会議よりも人数は少なく、総勢一五〇人ほどと言われていますが、会議に出席していた「わたしたち」の信仰が告白されたのです。

ヒラリウスもこういう東方教会での現状を目の当たりにし、西方教会に手紙を送り、宣言的な信条の必要性を訴えました。結果的に西方教会も、東方教会に遅れてではありますが、宣言的な、書かれた、「わたしたちは信じます」という信条を用いるようになっていったのです。

## 会衆により告白される信条へ

四世紀に盛んに用いられるようになった「わたしたちは信じます」という信条は、もっぱら教会会議で用いられるものでした。しかし信条の言葉が「わたしたち」になったことによって、礼拝でも信条が用いられる道が拓かれていきました。

東方教会では、五―六世紀頃から、礼拝で「（原）ニカイア信条」や「ニカイア・コンスタンティノポリス信条」を告白する実践がなされるようになった記録があります。コンスタンティノポリス教会の司教のティモイオス（在位五一一―五一八）が三一八人の教父たちの信条（つまり「(原）ニカイア信条」のこと）を礼拝の中で唱えるべきであると主張しました。以前は司教による教理教育の一環として、受難週の金曜日に一年に一度しか唱えられていなかったようですが、これを日曜日の礼拝へと拡大していったのです。ティモイオスによるこの実践はすぐに東方全域で広がっていき、その後もさまざまな実例が見られることから、東方教会で定着していったものと思われます。

西方教会での礼拝の中での告白は、東方教会からは少し遅れていますが、五八九年に最初の記録を見ることができます。スペインにて、第三回トレド教会会議が開かれました。この教会会議の主導者は西ゴート族の王リカルドです。教会の歴史上、重要な教会会議でもありました。三八一年のコンスタンティノポリス公会議で、アレイオス派は斥けられたはずですが、実はアレイオス派は生き残りをかけて、今度はゲルマン民族に伝道をしていたのです。西ゴート族もそうでした。アレイオス派の信仰を伝えられ、受け入れていたのです。しかしこの第三回トレド教会会議で、西ゴート族の王リカルドがアレイオス派からニカイア正統派への転向を宣言するのです。その会議の記録の中に、こういう記述があります。

スペインとガリアにあるすべての教会は一五〇人の司教たちによるコンスタンティノポリス公会議での信条を、東方教会のしきたりに従って唱えなければならず、主の祈りが言われる前に信条が会衆によって唱えられなければならない。このことによって、真の信仰がはっきりと告白されるようになり、人びとの心が信仰によって清められることにもなり、キリストの体と血に与るのにふさわしくなることができる。

（第三回トレド教会会議での教令二）

「一五〇人の司教たちによるコンスタンティノポリス公会議での信条」とは、三八一年の「ニカイア・コンスタンティノポリス信条」のことです。「東方教会のしきたりに従って」とありますように、東方教会ですでに行われていた実践に倣って、この信条を礼拝で唱えることが定められたのです。しかも礼拝プログラムの中で、どの位置で唱えるべきか、ということまで定められています。傍点をつけた「主の祈りが言われる前に」というのは、当然「主の祈り」の直前ということなのでしょう。「キリストの体と血に与る」というのは、当然「聖餐」のことです。「ふさわしくなることができる」と言っているのですから、やはり「聖餐」の前に唱えたものと思われます。

西ゴート族はアレイオス派からニカイア正統派に転向しました。キリストの体と血に与る聖餐の前に、アレイオス派を斥けた信条である「ニカイア・コンスタンティノポリス信条」を会衆全員で唱え、どういう信仰をもって聖餐に与るか、ということをみんなで確認してから聖餐に与ったのです。

このように西方教会で信条を唱えた最初の実践は、聖餐と結びついたものでした。その後、礼拝のさまざまな場面で信条が告白されていきます。説教と結びつけられたり、福音書朗読と結びつけられることもありました。説教や聖書の言葉を、信条に告白されている信仰をもとに聴くということが目的だったのでしょう。やがて、信条が賛美歌として歌われるようにもなっていきます。ニカイア信条だけでなく、使徒信条も礼拝実践として用いられていくのです。

信条が「わたし」から「わたしたち」と告白されるようになったことで、教会会議だけでなく、礼拝でも信条は告白されるようになりました。信条は着実に用いられる場を広げていったのです。なぜ広げることができたのでしょうか。その秘密は信条の冒頭の言葉にあります。信条が最初に生まれた頃の言葉はcredo（わたしは信じます）あるいはcredis（あなたは信じますか）でした。四世紀以降、教会会議でcredimus（わたしたちは信じます）という形式が登場したのです。西方教会でも、東方教会からは遅れましたが、そのような信条を受け入れ、教会会議でも礼拝の中でも用いるようになっていきます。大事なことは、信条の中身や内容はまったく変わっていないということです。冒頭の言葉だけを変えることによって、信条は幅広い場へと受容されていったのです。別の言葉で言えば、教会生活や信仰生活の全般に及ぶ信仰が、信条で言い表されていたので、信条はあらゆる領域で用いられることができたのです。

このように、中世の時代に信条は広がりを見せていきます。この時代を通り抜けて、やがて一六世紀の教会改革の時代を迎えます。改革者たちも使徒信条を重んじ、さまざまな場面で使徒信条を展開していきました。洗礼や信仰教育、教会会議における場面だけではなく、礼拝の中で、それも聖書朗読や説教、聖餐と結びつけられた実践へと展開していったのです（詳細は本書の第五章を参照）。そのような受容に耐えられる豊かさを使徒信条が持っていたからです。

# 第三章　古ローマ信条と地域信条

## 古ローマ信条（R）の発見

これまでのところで、信条が洗礼にかかわりのあるところで育まれ、「信仰の基準」が異端対策などのために用いられてきたこと、そして四世紀頃から固定化された宣言的な信条が生まれ、教会会議で盛んに用いられるとともに、五世紀以降は礼拝でも唱えられるようになった実践を見てきました。ここではいよいよ四世紀以降、どのようにして現在の使徒信条へと発展していったのかを見ていきたいと思います。

使徒信条成立史研究の第一歩が踏み出されたのは、一七世紀のことになります。一六四二年にボッシウスという人物が、また一六四七年にアッシャーという人物がそれぞれ研究成果を発表しました。その二人は四世紀以降のさまざまな信条を調べていきました。その結果、ローマに由来する信条の「型」が発見されたと主張したのです。二人が調べた信条には、以下の二つが含まれています。

①アクィレイア（北イタリア）のルフィヌスが四〇四年頃に記した『信条講解』（*Expositio Symboli*）の中に含まれているローマの信条。彼はこの著作の中で、「アクィレイア信条」と共に「ローマ教会の信条」（彼はこれを *ecclesiae Romanae symbolum* と呼んでいる）を示している。

②アンキュラ（現在のトルコのアンカラ）の司教マルケロスによるもの。彼はアレイオス論争に巻き込まれ、東方を追われてローマに逃亡。その際に、ローマで開催された会議で、マルケロスは教皇ユリウスに対して弁明の手紙を出し（三四〇年）、その手紙の中で示されている信条。

ルフィヌスはラテン語で『信条講解』を書き、その中に「ローマ教会の信条」を示しています。マルケロスは東方の人だったためギリシア語で手紙を書きました。しかし両者の信条はそっくりなのです。

このようにローマに関係する四世紀の「ほぼイコールの信条」が発見されました。これはいったい何を意味するのでしょうか。四世紀にローマで固定化された信条があったと想定することができます。そのローマに由来する「型」を再構成していくと、以下のようになります。

**古ローマ信条（R）**

わたしは、全能の父なる神を信じます。

わたしは、その独り子、わたしたちの主、キリスト・イエスを信じます。

聖霊と処女マリアによって生まれ、
ポンテオ・ピラトのもとに十字架につけられ、葬られ、
三日目に死人のうちから甦り、
天に昇り、
父の右に座し、
そこから来られて、生きている者と死んでいる者とを審かれます。
わたしは、聖霊を信じます。
聖なる教会、罪の赦し、体の甦りを信じます。

四世紀のローマの地域で使われていた信条が、このように明らかになりました。日本語では「古ローマ信条」と名づけられました。「古」というのは「古代」の意味であり、単純な「古い」という意味ではありません。それゆえに「新ローマ信条」が存在するわけでもありません。Rというのは信条成立史の分野での省略記号です。ちなみに現在の私たちが知っている使徒信条はTという省略記号を用います。Textus Receptus（受け入れられたテキスト）の略です。

さて、古ローマ信条（R）と使徒信条（T）を比べてみてどうでしょうか。例えば冒頭のところ、「全能の父なる神」となっていて、現在の使徒信条にある「天地の造り主」はまだありません。その他のところを見ても、使徒信条（T）よりも簡素であることが分かります。信条というのはおお

むね、シンプルだったものに文言が足されて発展していったのです。

## 「自由主義神学」の影響

一六四〇年代にボッシウスとアッシャーという人物によって、ローマに由来する「型」、古ローマ信条（R）が発見されました。ところが、二人の研究成果はほぼ二〇〇年、その後に続く研究者がいなかったのか、忘れ去られていました。

二人の研究成果を受け、使徒信条成立史研究が盛んになされるようになったのは、それから二〇〇年後の一九世紀になります。それまでの二〇〇年では忘れ去られそうになっていたのに、なぜこの時代に盛んに研究がなされるようになったのでしょうか。その大きな理由に、「自由主義神学」の影響を挙げることができます。

「自由主義神学」をひと言で説明することはとてもできませんが、「自由主義神学」と使徒信条成立史研究の関係について、ひと言触れたいと思います。「自由主義神学」の考え方の傾向として、歴史は進歩するものだ、と捉えるところがあります。一例を挙げると、自由主義神学者たちは盛んに新約聖書の成立のプロセスを研究していきました。そもそも主イエスはユダヤ人だったし、アラム語で教えを説いたので、もともと主イエスの教えはユダヤ的だった、と自由主義神学者たちは考えます。しかし教会の歩みが始まると、ユダヤ人だけでなくギリシア世界の人たちにも伝道をしていった。そこでユダヤ的な福音と、ギリシア世界の文化との衝突が起こるのです。その衝突をどのように乗り越えていくか。自由主義神学者たちが考え出した答えは、「福音のギリシア化」ということでした。

新約聖書はギリシア語で書かれました。例えばヨハネによる福音書の冒頭には「ロゴス」（言）という言葉が使われています。「ロゴス」はギリシア哲学でも非常に重要な言葉です。イエスこそが真のロゴスであるというメッセージをギリシア世界の人たちにも伝えていったのです。そのために、最初は単純だったはずの主イエスのユダヤ的な教えが、ギリシア文化と接触していったことによって、より複雑化していった。ギリシア化した聖書が次第に形成されていった。自由主義神学者たちはそのように考え、新約聖書の成立過程を研究していったのです。

このような風潮の中、使徒信条の成立過程も、自由主義神学者たちの格好の研究対象とされました。最初は非常にシンプルで原始的だった信条が、四世紀に古ローマ信条（R）となった。その後、古ローマ信条（R）が使徒信条（T）となり、より複雑化していった。そのプロセスがどうなっているのか、ということに着目し、多くの人たちが研究成果を次々と発表していきました。特に人々が注目したのは、使徒信条の起源が「いつ」「どこで」なのか、ということです。「三世紀から」と言う人もいましたし、「二世紀にまでさかのぼる」と主張した人もいました。「ローマで生まれた」と言う人もいましたし、「東方が起源である」と主張する人もいました。このように多様な主張がなされ、一九世紀に信条成立史研究が盛んになされたのです。

## ヒッポリュトスの『使徒伝承』をめぐって

それでは、現在の使徒信条成立史研究では使徒信条の起源はどう考えられているのでしょうか。古ローマ信条（R）が四世紀に存在していたことはもう明らかになっています。では、いつから存在するのでしょうか。

この問いを考えていくために、一つの洗礼の質問をご紹介したいと思います。ローマの長老かつ対立教皇（二人の教皇が並び立って争いが生じていました）であるヒッポリュトスという人物がいました。二〇〇年頃から二三五年にかけて複数の書物を執筆しています。一五五一年にローマのある墓所で大理石の彫像が発見されました。二二四年に作られたものと思われ、頭部と両手が欠けていましたが（その後復元）、その側面に著書目録が刻まれていました。ヒッポリュトスが書いた本のタイトルのリストです。

そのリストの中の一つに『使徒伝承』（*Traditio Apostolica*）というものがあります。長らくタイトルだけが知られていて、その中身は不明でしたが、二〇世紀初頭に『使徒伝承』が、あるラテン語写本（ヴェロナ写本と呼ばれています）と結びつけられました。つまり、『使徒伝承』の中身が発見された、という研究成果が発表されたのです。

この『使徒伝承』の中に、洗礼の質問があります。実はもうすでに本書の第一章で紹介していますが、古ローマ信条（R）との違いが分かる形で、改めてこの洗礼の質問をここに記します。

**ヒッポリュトスの？『使徒伝承』**

あなたは、全能の父なる神を信じますか。
あなたは、神の子、~~私たちの主~~キリスト・イエス、
　聖霊によって処女マリアから生まれ、
　ポンテオ・ピラトのもとに十字架につけられ、
　死んで、葬られ、
　三日目に死人のうちから生きて甦り、
　天に昇り、
　父の右に座し、
　生きている者と死んでいる者とを審くために~~そこから~~来られるのを信じますか。
あなたは、聖霊、聖なる教会、~~罪の赦し~~、体の甦りを信じますか。

傍点が打たれたところは、古ローマ信条（R）には存在しないけれども『使徒伝承』には存在する言葉、取り消し線が引かれたところは、古ローマ信条（R）には存在するけれども『使徒伝承』には存在しない言葉を表しています。先ほどの古ローマ信条（R）と比べてみてどうでしょうか。

些細な違いはあるものの、かなり似ていると言えると思います。

ヒッポリュトスはローマの人です。古ローマ信条（R）と非常によく似ているものがヒッポリュトスの『使徒伝承』にあることは何を意味するでしょうか。ヒッポリュトスが生きていた三世紀の前半の時代にも、ローマに古ローマ信条（R）が存在していたのではないか、ということになります。さらには、三世紀の前半にいきなりこの洗礼の質問が生まれたわけではないので、二世紀後半にまでさかのぼれるのではないか、と想定することができます。つまり、古ローマ信条（R）が二世紀後半から四世紀の時代を貫いてローマに存在していたかなり影響力のある信条ではないか、ということを導き出せるのです。

二〇世紀の使徒信条成立史研究は、この線に沿って研究が進められていきました。ところがです。二〇世紀後半に、なんとこの説が覆されてしまうのです。ヒッポリュトスの『使徒伝承』だと思われた写本を正確に調べていったところ、この写本には三世紀のローマに限定されない複数のルートが混在していることが分かってしまったのです。そうなると、この写本に書かれていた洗礼の質問も、三世紀のローマのヒッポリュトスのものだと主張できなくなります。実際にこの洗礼の質問は三世紀のものではなく、四世紀のものだということになってしまい、今なおヒッポリュトスの『使徒伝承』は失われたままである、ということになってしまったのです。

使徒信条成立史研究にとってこのインパクトは大きなものがありました。これまでは、少なくとも二世紀後半から四世紀にかけて古ローマ信条（R）という絶大な信条が存在し、そこから今の私たちが知っている使徒信条へと発展していった、と主張することができました。しかし二〇世紀末からは、もうそういう主張をすることができなくなったのです。確かに四世紀には古ローマ信条（R）はローマに存在していたことは確かです。そして古ローマ信条（R）から各地の地域信条へと発展していきました。しかし古ローマ信条（R）に、もはやかつてのような絶対的な権威を授けるわけにはいかなくなったのです。

## 古ローマ信条（R）の前は？

それでは、四世紀以前の信条はどうだったのでしょうか。これまでに述べてきたように、聖書の言葉を土台としながらも、洗礼の質問や洗礼前教育にかかわるところで信条が用いられてきました。主に異端反駁などのために用いられた二世紀から三世紀にかけての「信仰の基準」も忘れるわけにはいきません。いずれにしても信条の言葉がまだ固定化されておらず、かなり流動的だった時代のことになります。この時代の信条はどうだったのでしょうか。

最近の学説として、二人の研究者のものを挙げておきたいと思います。一つがヴェストラ（Westra）というオランダの研究者の説（二〇〇二年）です。ヴェストラはこれまでの使徒信条成立史研究を踏まえ、また多くの信条テキストを研究した上で、四世紀の古ローマ信条（R）やそれ以外の西方教会の諸信条の土台となった形を proto-R として定義し、再構成しました。それは以下の通りになります。

わたしは、全能の父なる神を信じます。
わたしは、その子、キリスト・イエスを信じます。
　聖霊と処女マリアによって生まれ、
ポンテオ・ピラトのもとに十字架につけられ、葬られ、
三日目に甦り、
天に昇り、
父の右に座し、
そこから来られて、生きている者と死んでいる者とを審かれます。
わたしは、聖霊を信じます。
　聖なる教会、体の甦りを信じます。

　このproto-Rは、古ローマ信条（R）よりもさらに簡素なものとなっています。proto-Rは、一言で言えば「流動的な信条」と言えます。ヴェストラがproto-Rを再構成しましたが、proto-Rの言葉が書かれている史料が存在するわけではありません。ヴェストラは、多くの史料から共通する要素を取り出して再構成しているのであり、信条がまだ流動的であり、「固定化」されていなかっ

た時代のものであることに留意する必要があります。つまり、強いて言うならば、「人々の共通理解的な、まだ固定化されていない信条」であり、当時の人々にとっての「信条とはこういうものだよね」という共通認識を表したものを proto-R として定義したのです。

proto-R の日付に関しては、カルタゴのキプリアヌスの証言（二五〇年頃）などから、三世紀半ばまでには存在していたとヴェストラは考察しています。この proto-R があらゆる西方教会の信条の「親」「根」とも言えるべきものであるとヴェストラは主張しています。

ヴェストラのこの主張は、なるほどと思わされます。三世紀というのはまだ信条の言葉が流動的だった時代ですが、まったくルールなく信条の言葉が紡ぎ出されたわけではありません。ヴェストラはそういう流動的な信条の共通項を探り当てたのです。当時の教会の人たちは、それらの共通項を用いて、信条や洗礼の質問や信仰の基準の言葉を自由に紡ぎ出していた、というわけです。

もう一つがキンツィッヒ（Kinzig）というドイツの研究者の説（一九九九年）です（キンツィッヒはさらに二〇一七年に四巻本の信条リストを出版しました。信条リストとしては一〇〇年ぶりくらいに新しいものが出され、しかも原文＋英語訳が載せられた画期的な労作です）。キンツィッヒはある洗礼の質問に注目します。すでに第一章で紹介していますが、「古ゲラシウス典礼」の中に出てくる洗礼の質問です。改めてその文言を記します。

あなたは、全能の父なる神を信じますか。

あなたは、我らの主、その独り子、生まれ、受難したイエス・キリストを信じますか。
あなたは、聖霊、聖なる教会、罪の赦し、体の甦りを信じますか。

第一章で記した通り、さまざまな証拠から、この洗礼の質問は最古の原始的な構造を持つとキンツィッヒは主張します。その構造の特徴は「生まれ、受難した」という二語です。確かにキンツィッヒが言うように、古い時代の信条や信仰の基準の言葉を眺めていると、「生まれ、受難した」という二語をよく目にします。まだ信条の言葉が流動的だった四世紀以前の時代に、そして今の使徒信条のように信条の文言が膨らんでいなかった時代に、重要視されたのはこの二語だったのです。最初期の教会の人たちは、主イエスが私たちと同じ人間として「お生まれになったこと」、そして十字架で「受難したこと」の二つを、とりわけ重視していたのです。

そうは言っても、この洗礼の質問が四世紀以前に、他の信条をしのぐほど独占的だったわけではありません。いろいろなタイプのものが存在し、用いられていました。キンツィッヒの説は四世紀以前に用いられていた信条の「一つのタイプ」を示している説として、受け止めることができるでしょう。

ヴェストラとキンツィッヒの二人の説を見てきました。四世紀に固定化された古ローマ信条（R）が存在していたことは確実ですが、それ以前には何らかの固定化された独占的な信条が存在していたとは言えなさそうです。しかし、教会の人たちのコンセンサスはありました。父・子・聖霊の構造を持つこと（父・子だけの場合も多い）、共通項というものが存在したこと（例えば「生まれ、受難した」など）、の二点です。そういうコンセンサスを持ちながら、共通項から信条の言葉を取捨選択し、時には独自の言葉をそこに足しながら、地域や教会の実情に合わせて信条の言葉を紡ぎ出していたのです。

## 古ローマ信条（R）の後は？

今度は古ローマ信条（R）が登場した四世紀以降のことを見ていきましょう。四世紀以降をひと言で言い表すならば、「地域信条」の時代を迎えたことになります。「地域信条」とは、その名の通り、各地域で作られていった信条のことです。どういう地域を挙げることができるのでしょうか。ローマ以外には、ガリア（今のフランス）、スペイン、北アフリカ（今のチュニジアを中心とするあたり）、北イタリア、ブリテン（今のイングランド）、アイルランドなどを挙げることができます。もちろん各地域に明確な境界線が引かれていたわけではありません。しかし海や山で隔てられた各地域には、それぞれの独特な特徴を持つ信条が形成されていったのです。こういう地域信条は四世紀にいきなり始まったわけではなく、各地でかなり早くからその萌芽が見られますが、四世紀以降、古ローマ信条（R）が参照されながら、各地で地域信条が発展していくのです。

それではいったいどういう地域信条が育まれていったのでしょうか。ここではいくつかの地域を挙げて、その特徴を見ていきたいと思います。

## アクィレイア信条

まずはアクィレイア信条を取り上げたいと思います。アクィレイアとは北イタリアの町の名前で、今のヴェネチアの東（スロベニアとの国境付近）にあります。古代の時代ではかなり大きな町だったようです。そのアクィレイア教会に属していたルフィヌスという人がいます。ルフィヌスはアクィレイア教会の司教だったわけではありませんが、アクィレイア教会でクロマティウスという人物から洗礼を受けました（クロマティウスはやがてアクィレイア教会の司教になります）。つまりルフィヌスはクロマティウスからアクィレイア信条を「伝達」されて洗礼を受けたことになり、アクィレイア信条のことを熟知していました。

もう一つルフィヌスがよく知っていたのが、ローマの信条（古ローマ信条（R））です。四〇四年頃にルフィヌスは『信条講解』を書いていますが、その中で、アクィレイア信条と古ローマ信条（R）の両方に触れています。しかも両者の違いを考察し、その違いがなぜ生じているのかを説明している大変貴重な史料を提供してくれているのです。

それでは、まず二つの信条を並べてみましょう。上がアクィレイア信条、下が古ローマ信条（R）です。比較しやすいように、上下対照表にしてみました。

## アクィレイア信条

わたしは、全能の父なる神を信じます。
目に見えず、不受苦なる①
わたしは、その独り子②、わたしたちの主、
キリスト・イエスを信じます。
聖霊によって処女マリアから③生まれ、
ポンテオ・ピラトのもとに十字架につけら
れ④、
葬られ、陰府に降り⑤、
三日目に死人のうちから甦り、
天に昇り、
父の右に座し、
そこから⑥来られて、生きている者と死ん
でいる者とを審かれます。
わたしは、聖霊を信じます。
聖なる教会、罪の赦し、
この⑦体の甦りを信じます。

---

## ローマ信条

わたしは、全能の父なる神を信じます。
わたしは、その独り子、わたしたちの主、
キリスト・イエスを信じます。
聖霊と処女マリアによって生まれ、
ポンテオ・ピラトのもとに十字架につけら
れ、
葬られ、
三日目に死人のうちから甦り、
天に昇り、
父の右に座し、
そこから来られて、生きている者と死んで
いる者とを審かれます。
わたしは、聖霊を信じます。
聖なる教会、罪の赦し、
体の甦りを信じます。

①「目に見えず、不受苦なる」→付加
②「その独り子」→語順の違い（日本語だと同じ）
③「処女マリアから」→違う前置詞を用いている
④「ポンテオ・ピラトのもとに十字架につけられ」→語順の違い（日本語だと同じ）
⑤「陰府に降り」→付加
⑥「そこから」→違う単語の使用
⑦「この」→付加

比べてみると、どうでしょうか。原文のラテン語レベルで比較をしてみると、①から⑦までの七つの違いがあります。しかし②と④は語順の違いなので日本語にすると同じですし、⑥は違う単語が使われていますが意味はまったく同じなので日本語も同じです。③は、ローマ信条で「聖霊と処女マリア」というように同列に並べられていますが、アクィレイア信条では「処女マリア」に対しては別の前置詞を用いて聖霊と同列には並べずに違いを出しています。実はルフィヌスは②、③、④、⑥については何も言及していません。ラテン語レベルでは確かに違いはあるのですが、これらは些細な違いであり、ルフィヌス自身もまったく差を感じておらず、言及する必要はないと思っていたのでしょう。

しかし、①、⑤、⑦に関しては、ルフィヌスはきちんと言及するのです。これら三つはすべて、古ローマ信条（R）に付加がなされたことによって生じた違いです。つまり、アクィレイア信条を作るにあたって、古ローマ信条（R）を参考にしながら、アクィレイア教会の実情に合わせて三つの部分に言葉を付加したのです。なぜそれら三つの付加がなされたのか、ということをルフィヌスは説明しているのです。それではそれらのルフィヌスの説明を聞いていきましょう。

### ①「目に見えず、受苦できない」の付加

かなり特徴的な言葉が、父なる神のところに付加されました。父なる神がどういうお方か。「目に見えず、受苦できない」お方であるとアクィレイア信条では告白しているのです。父なる神が「目に見えない」お方であることはよいとして、「受苦できない」お方であると告白されています。なぜこんな言葉が付加されたのでしょうか。これは「様態論」(modalism) と呼ばれる異端を斥けるためだ、とルフィヌスは解説しています。「様態論」とは、三位一体の神が「唯一」であるということを守るために、一人の神が様態（つまりモード mode）を変えるように、ある時は父、ある時は子、ある時は聖霊として存在するという考え方です。神が父なる神モードである場合は、子なる神も聖霊なる神も存在しないことになります。逆に子なる神モードの場合は、父なる神も聖霊なる神も存在しないことになります。神が唯一であるということはこの考え方で守れるのかもしれませんが、これは明らかに大きな問題をはらんでいます。神は一つのモードとしては存在するけれども、他の二つは神不在になってしまうからです。子なる神は十字架で受難するわけですが、これは父な

る神がモードを変えて子なる神となっていた時のことなので、「神父受苦説」とも呼ばれます。この異端が存在したのはアクィレイアだけではありませんが、この時、アクィレイアはこの異端に対処する必要があったのでしょう。ルフィヌスは「神父受苦説」の異端対策のために、ローマ信条や他の地域信条にもない表現だけれども、アクィレイア信条にはこの付加がなされたと説明しているのです。つまり、父なる神が「目に見えず、受苦できない」と付加すれば、「神父受苦説」を唱える「様態論」を斥けることができるのです。

### ⑤「陰府に降り」の付加

アクィレイア信条では「陰府に降り」の前に「葬られ」があり、その前に「十字架につけられ」があります。子なる神は十字架につけられ、受難し、その結果、死なれました。この「陰府に降り」というのは、「葬られた」の意味と一致するとルフィヌスは語ります。つまり、十字架の死を本当に死なれた、葬られた、そのことを補強するための付加であると説明しているのです。子なる神の十字架の死が曖昧なものになってしまわないように、この付加がなされていったのです。

### ⑦「この」の付加

「肉体の復活」ということは古ローマ信条（R）でも言われていますが、その文言に「この」が加えられました。「この」「肉体の復活」と言っているのです。「肉体の復活」というのは、どこの世界でも曖昧に考えられがちなところがあります。ルフィヌスの時代のアクィレイアでもそうだったのでしょう。古代の時代では、肉体が非常に軽視されて考えられたところがあります。教会はその考えに抗い、キリストの受肉、キリストの肉体をもっての復活、私たちの肉の救いを語っていきました。古代教会が直面していた異端も、肉を軽視あるいは無視する方向性を持ちました。そういう異端に対して、アクィレイアでは「この」「肉体の復活」と告白することによって、「肉体の復活」を強調するのです。ルフィヌスは「あなたの死者が命を得、わたしのしかばねが立ち上がりますように」（イザ二六・一九）や「この朽ちるべきものが朽ちないものを着、この死ぬべきものが死なないものを必ず着ることになります」（一コリ一五・五三）を引用しながら、「この」という言葉の付加を説明するのです。

アクィレイア信条とローマ信条の三つの違いに関するルフィヌスの説明を見てきました。いずれも古ローマ信条（R）に対する「付加」です。付加がなされてでき上がったのがアクィレイア信条なのです。信条成立史において、時には文言が削除されることももちろんありました。しかしたいていの場合は付加されることによって、信条の文言が膨らんでいきました。「自由主義神学」の時代には、信条は簡素なものが次第に複雑化していったとの前提で研究が盛んになされましたが、その考え方はおおむね正しいと言えます。今ここにルフィヌスが示している古ローマ信条（R）から北イタリアの地域信条の一つであるアクィレイア信条への発展を見ていきましたが、付加による発展だったことがよく分かります。しかもその付加は異端対策のためでした。誤った信仰に陥らないように、正しい信仰を伝えるために、信条の言葉が整えられていったのです。

## ガリアの信条

私たちは使徒信条において、「主は聖霊によりて宿り、処女マリアより生まれ」と告白しています。実はこの文言も地域信条の発展の結果なのです。発展した場所はガリアであり、ガリアの地域信条の特徴が最もよく表れている文言なのです。

古ローマ信条（R）の文言を振り返っておきましょう。説明のため、どうしてもラテン語も必要なので並記します。

日 本 語　聖霊と処女マリアによって生まれ
ラテン語　qui natus est de Spiritu sancto et Maria virgine

ラテン語の解説を少ししておきたいと思います。natus est「生まれた」、de「〜よって」、et「と」という意味ですが、注目したいのは「聖霊」（Spiritu sancto）と「処女マリア」（Maria virgine）がet（英語のand）で同列に並べられていることです。ついでのことながら、ヴェストラのproto-R（古ローマ信条（R）の前段階のもの）も古ローマ信条（R）とまったく同じです。つまりローマでは、「聖霊と処女マリア」が同列に並べられる信条が主流だったのです。

この古ローマ信条（R）が各地に輸出され、各地域信条が作られていきました。ほどなくして、

et「と」をex「～から」と置き換える地域信条が現れ始めました。アンブロシウスが示したミラノ信条（四世紀）や、前述のルフィヌスが示したアクィレイア信条（五世紀初頭）もそうです。「聖霊」（Spiritu sancto）に対してはde「～によって」という前置詞を、「処女マリア」（Maria virgine）に対してはex「～から」という違う前置詞を当てたのです。この時代以降の信条にも、同様のものがいくつも見られます。

なぜこのような変化が起こっていったのでしょうか。理由はおそらく、聖霊とマリアを同列に並べるのはさすがにまずいのではないか、神学的に問題があるのではないか、と多くの人が考えたからでしょう。そこでまず「小さな変化」が起こりました。etをexに置き換えれば、わずか一字だけの変更で済みます。聖霊に対してはde「～よって」、マリアに対してはex「～から」という、意味はほぼ同じでも違う前置詞を割り当てることによって、同列に並べることを解消していったのです。

まずはこのような「小さな変化」が起こった上で、そこからさらに「大きな変化」がガリアで起こりました。ガリアでの地域信条にconceptus「宿り」という動詞が導入されていきました。今の使徒信条のラテン語と日本語を見てみましょう。

日本語　聖霊によって宿り、処女マリアから生まれ
ラテン語　qui conceptus est de Spiritu sancto natus ex Maria virgine

natus「生まれた」という動詞が後ろのマリアのところに置かれ、聖霊のところにはconceptus「宿った」という動詞が新たに導入されました。こうなると、前置詞のde「〜よって」とex「〜から」の使い分けだけでなく、動詞のレベルにおいても「聖霊」と「処女マリア」の違いを際立たせていることになります。

このように、ガリアの地域信条のすべてが満場一致でconceptus「宿った」という動詞が挿入されています。それでは他の地域ではどうだったのでしょうか。実はガリア以外にconceptusを挿入している地域はまったくなく、他の地域では満場一致で挿入していないのです。唯一の例外として、七世紀末にアイルランドの修道院で用いられた信条にconceptusの挿入を見ることができますが、これは明らかにガリアから輸入されたものと考えられます。つまり、ガリア以外の地域では、主イエスがお生まれになったことをnatus「生まれた」という一つの動詞で表しましたが、ガリアの地域ではconceptus「宿った」という動詞を導入することで、前置詞だけでなく、動詞レベルでも「聖霊」と「処女マリア」の働きをしっかり区分したのです。

私たちは使徒信条を告白する際に、当たり前のように「聖霊によりて宿り、処女マリアより生まれ」と唱えています。この部分に関してはローマではなくガリアの遺産を受け取って、私たちは告白しているのです。他にも古ローマ信条（R）からの発展した内容を多く私たちは遺産として受け取っていますが、それらはローマではなく、各地域（特にガリア）で発展したものなのです。

## 北アフリカの信条

北アフリカというのは今のチュニジアの近辺の地域のことです。ローマ帝国は地中海世界一帯を支配していました。地中海は「我らの海」であり「内海」でした。多くの穀物が北アフリカなどからローマに運ばれて、ローマの人たちの食糧需要を満たしていたと言われています。その北アフリカにカルタゴという大きな町がありました。カルタゴにも大きな教会組織があり、周辺の町にも多くの教会が建てられ、北アフリカという地域を形成していたのです。

北アフリカは偉大なラテン教父たちを多く輩出しました。最初のラテン教父のテルトゥリアヌスは二〇〇年前後にカルタゴで活躍し、数多くの重要な著作を残しました。二五〇年頃のカルタゴ教会の司教だったキプリアヌスは、迫害や論争が起こる難しい時代の教会のかじ取りを行い、特に教会論を発展させました。四世紀から五世紀にかけて北アフリカのヒッポの町の司教だったアウグスティヌスは、その後のキリスト教会を支える神学を構築し、最も偉大なラテン教父と呼ばれています。

テルトゥリアヌスは「信仰の基準」の言葉をいくつか残しましたが、（カルタゴ教会の）信条の言葉は特に記していません。キプリアヌスは最後の部分だけですが、洗礼の質問を書き残しています。すでに第一章でご紹介しましたが、改めて記します。

あなたは、聖なる教会を通して、罪の赦しと永遠の命を信じますか。

ヒッポの司教だったアウグスティヌスは、二つの信条を書き残しています。一つがミラノ信条です。アウグスティヌスは三八七年、ミラノの司教だったアンブロシウスから洗礼を受けました。その時に学んだのがミラノ信条です。その後、アウグスティヌスは北アフリカに戻り、ヒッポの町の司教としての務めを始めます。ヒッポの教会で用いられていたヒッポ信条も書き残しています。そのヒッポ信条の最後の部分を記します。

わたしは、聖なる教会を通して、罪の赦し、体の甦り、永遠の命を信じます。

キプリアヌスのものと比べてどうでしょうか。キプリアヌスのものは洗礼の質問なので質問形式、アウグスティヌスのヒッポ信条は宣言形式であることは違います。また、「体の甦り」という文言が新たに加わっています。しかし特徴的な「聖なる教会を通して」という言葉は共通しています。

この「聖なる教会を通して」(ラテン語ではper sanctam ecclesiam)というのは、北アフリカの特徴的な表現なのです。私たちが告白している使徒信条では「我は聖霊を信ず、聖なる公同の教会、聖徒の交わり、罪の赦し、身体のよみがえり、永遠の生命を信ず」と告白しています。教会のことは「聖なる公同の教会」というように「聖霊を信ず」の次に出てきます。しかし北アフリカ型の信条では、「罪の赦し」「肉体の復活」「永遠の命」、これらはすべて「聖なる教会を通して」なのだ、というように教会を強調しているのです。これが北アフリカ型の信条の大きな特徴で、他の地域には見られません。

なぜ北アフリカでこのような形になったのでしょうか。それは北アフリカの教会が教会論にかかわる問題に直面した経験があるからです。そのうちの二つを挙げてみたいと思います。

一つ目は「棄教者の復帰問題」です。ローマ帝国の皇帝であるデキウス帝（在位二四九―二五一）による迫害が起こります。デキウス帝の在位期間は短いものでしたが、教会に対する迫害は厳しいものがありました。迫害にはこういう方法がとられました。ローマの偶像なる神々を拝むと証明書が発行される。その証明書を持っている者はおとがめなし。証明書を持っていなければ反逆罪とみなされ、持っていないキリスト者は殉教することもありました。このような迫害の方法がとられたのは、デキウス帝の目的がキリスト者に棄教させることだったからです。多くのキリスト者たちが棄教を迫られました。デキウス帝による迫害が起こるまで、しばらくの間、平穏な時代をキリスト者たちは過ごすことができました。しかし突如として起こった迫害に、多くの者たちは備えができていませんでした。殉教者が出た一方で、多くの棄教者たちが出てしまいます。ラテン語で棄教者たちのことをlapsiと言います。字義どおりの意味は「滑った者たち」。デキウス帝の迫害によって、多くの「滑った者たち」、すなわち棄教者たちが出てしまったのです。

ところが、教会にとって幸運だったと言えるのかもしれませんが、デキウス帝は二五一年に戦死します。ピタッと迫害が止み、教会に平和が訪れます。そうなると何が起こったか。棄教者たちがこぞって教会への復帰を求めてくるのです。教会としてどう対応すればよいでしょうか。無条件に棄教者の復帰を認めてよいのでしょうか。それとも棄教は赦されない罪として復帰はまったく認められないのでしょうか。さまざまな意見が渦巻く中、キプリアヌスはその中間の道で解決を図りました。すなわち、一定期間の悔い改めの時を経て、教会に復帰させるという手順をとったのです。

この「棄教者の復帰問題」というのは、いわば教会の出入口にかかわる問題です。教会の門から出て行ってしまった人たちの再入場の仕方をどうするか、という教会論の問題でした。キプリアヌスは教会論に関する有名な言葉を残しています。「教会の外に救いなし」「教会を母としてもたない者は、神を父としてもつことができない」という言葉です。棄教者も教会に復帰しない限りは救いなし、神を父としてもつことができない、ということにつながります。キプリアヌスは愛と忍耐をもって、棄教者を教会の門から中に適切に再入場させていくべく、この課題に取り組んでいったのです。ですから、キプリアヌスが書き残した信条の言葉が、「聖なる教会を通して」となっているのは、実にキプリアヌスらしい、北アフリカ的な言葉であると言えます。

もう一つが「ドナティスト論争」です。これも教会論をめぐる論争です。三一一年にガレリウス帝による「寛容令」が、三一三年にコンスタンティヌス帝による「ミラノ勅令」が出され、教会への迫害が終わりました。しかし迫害が止む直前の四世紀初めは、ディオクレティアヌス帝による最後の厳しい迫害が続いていました。この迫害期に、教会は聖書を引き渡すように求められました。

聖書は手書きで書かれていたため、当時は大変貴重なものであり、何よりも聖なる書です。場合によっては命を懸けて守らなければならないと考えられていました。ところが、この圧迫に対して屈服して聖書を引き渡す聖職者が出てしまうのです。

このことに端を発し、聖書を引き渡してしまった人は迫害に屈服してしまった人なので、その人が司式をした叙階は無効だという主張が叫ばれました。このように叫ぶ人たちのグループのリーダーがドナトゥスという人物だったので、ドナトゥス派（ドナティスト）と呼ばれています。迫害に屈服して堕落してしまった聖職者がなしたことは無効なのだから、その人が授けた洗礼も無効になる、という主張にまで発展していきます。ドナトゥス派はそのように考え、人に対して厳格に考えるのです。叙階にしても洗礼にしても、そのサクラメントの効力は人に依存すると考えましたので、ドナトゥス派の考えは「人効論」と呼ばれています。ドナトゥス派は自分たちこそが真の教会であると考え、自分たちの司教を担ぎ上げます。それに対してカトリック教会も対抗します。北アフリカを二分する闘争が繰り広げられるのです。

長きにわたる論争と分裂が続いていきましたが、カトリック側の第一人者として立ち上がったのが、ヒッポのアウグスティヌスでした。アウグスティヌスは著作を通して、またさまざまな教会会議を通して、ドナトゥス派に反論をしていきます。アウグスティヌスの主張はこうです。サクラメントの効力は人に依存することはない。それは神の業であるからサクラメントそのものは人間によって損なわれることはない。サクラメントは事柄そのものが大事なのだ、と。そういうわけで、アウグスティヌスの考えは「事効論」と呼ばれています。先ほどのドナトゥス派の考えが「人効論」、アウグスティヌスの考えが「事効論」です。サクラメントの「効力」は「人」に依存するのか、それとも「事柄」そのものが大事なのか。アウグスティヌスの「事効論」の考えが教会の正統的な考えとして受け入れられていきました。今の私たちもアウグスティヌスの考えを受け継いでいます。自分に洗礼を授けてくれた人が、たとえ堕落してしまったとしても、「私」の洗礼は神の出来事なので、無効になることは決してないのです。

ヒッポの司教をしていた前半期、アウグスティヌスはこのドナティスト論争を闘いました（後半期はペラギウス論争という別の論争を闘うことになります）。この論争はサクラメント論をめぐって、そして教会論をめぐってのものです。この論争を通してアウグスティヌスは、教会そのものは聖なるものであり、たとえ人間がどんなに堕落してしまっても教会が聖であることは揺らがない、と力強く語っていきました。そんなアウグスティヌスが用いていた信条がヒッポ信条です。最後のところでは、「聖なる教会を通して」と告白します。アウグスティヌスが弁護して止まなかった「聖なる教会を通して」、「罪の赦し」「体の甦り」「永遠の命」が与えられるというのも、実にアウグスティヌスらしい告白なのです。

キプリアヌス、アウグスティヌスが用いていた信条は、「聖なる教会を通して」と結ばれていました。その後のいくつかの北アフリカの信条を見てみると、やはり「聖なる教会を通して」という、まったく同じ終わり方をしています。キプリアヌスそしてアウグスティヌス以降、北アフリカでこのような特徴的な信条が育まれていきました。今の私たちが用いている使徒信条とは違う形かもしれません。しかし今の使徒信条も、聖なる公同の教会に連なることによって、「聖徒の交わり」「罪の赦し」「体の甦り」「永遠の生命」が与えられることを覚えたいと思います。

## キリスト・イエスからイエス・キリスト

地域信条の変遷について、他にもたくさんのことを挙げることができますが、最後に短く、「イエス」「キリスト」という語順に関することに触れたいと思います。

私たちは今、当たり前のように「我らの主、イエス・キリストを信ず」というように、「イエス・キリスト」という語順で使徒信条を告白しています。しかし古ローマ信条（R）では「キリスト・イエス」という語順でした。ヴェストラ提唱の proto-R（古ローマ信条の前段階のもの）でも「キリスト・イエス」という語順でした。ローマでは古くから「キリスト・イエス」という語順が一般的だったようです。

その後のローマも含めたさまざまな地域での信条の変遷を見ていくと、「キリスト・イエス」という語順で留まったのはごくわずかのものです。ローマの教皇レオ一世（在位四四〇―四六一）の手紙など、ローマに見られるほかは、北イタリアなどにおいてのみ足場があり、他の地域では満場一致で「イエス・キリスト」の語順になっています。

明らかに初期の段階では「キリスト・イエス」だったものが、その後の発展において「イエス・

キリスト」となっていきましたが、その理由ははっきりとしていません。聖書の中にも「イエス・キリスト」と「キリスト・イエス」という両方の語順が用いられています。しかし、今の私たちもそうですが、次第に「イエス・キリスト」という語順が標準化していったのでしょう。信条の言葉もそうなっていきました。

しかしローマでは保守的なところがあるのでしょうか、「キリスト・イエス」のまま、古ローマ信条（R）が使われ続けることが多かったようです。また、ローマでは、東方で生まれたニカイア信条が用いられることも多かったようです。次章の話になりますが、ローマを旅立った古ローマ信条（R）は各地域で独自の発展を遂げた後、九世紀にガリアとゲルマンで今の使徒信条に標準化されていきました。それでもローマはなかなかこれを受け入れませんでした。ようやくローマが受け入れたのは一一世紀頃のことになります。それ以降、今の使徒信条が西方教会中に広まり、統一化されたと名実ともに言うことができるようになるのです。

# 第四章　使徒信条の統一化

## 「使徒信条」という名称

本章ではいよいよ「使徒信条」として統一化されていくプロセスを見ていくことにしましょう。前章では地域信条として発展していく様子を見ていきましたが、地域信条として発展していくということは、裏を返せば、地域ごとにバラバラの信条ができ上がっていく、ということになりかねません。実際にそういう可能性もあったわけですが、使徒信条はいわゆる「世界信条」になっていきました。どういうプロセスを経て、統一化されていったのでしょうか。

その統一化のプロセスを見ていく前に、二つのことに触れたいと思います。一つが「使徒信条」という名称、もう一つが使徒信条の伝説です。どちらも使徒信条の統一化に向けての間接的な要因になったと言えます。

まずは「使徒信条」という名称についてです。私たちは当たり前のように「使徒信条」と言っています。ラテン語では symbolum apostolorum ですから、正確に言えば「使徒たちの信条」です。

それではいつからこの名称が用いられていたのでしょうか。「使徒」という言葉がありますが、本当に使徒たちの時代からそう呼ばれていたのでしょうか。そんなことはないでしょう。ではいつからなのでしょうか。そして本当に「使徒たち」に関わりがあると言えるのでしょうか。

「使徒信条」という言葉が最初に見られる史料に触れたいと思います。三九〇年にミラノで開かれた教会会議から、ローマ教皇シリキウスへ書簡が送られました。この書簡の署名者の一人がアンブロシウスであり、何よりも彼は当時のミラノの司教であったため、この書簡はアンブロシウス自身によって起草されたものと考えられています。この書簡の中に、こういう記述があります。

しかしもし彼らが聖職者たちの教えを信じないなら、彼らにキリストの託宣を信じさせよう。彼らに「神にできないことは何一つない」（ルカ一・三七）と言っている天使の訓戒を信じさせよう。ローマ教会が常に無垢なものとして守り、保存してきた「使徒信条」（symbolum apostolorum）を信じさせよう。

ここに出てくる「使徒信条」という言葉が、最初の証言であると言われています（もちろん今後新たな史料の発見があって、もっと早まる可能性がまったくないとは言えませんが）。

しかもこの書簡の中で、「ローマ教会が常に無垢なものとして守り、保存してきた『使徒信条』」と言われています。額面通りに受け止めるのであれば、いつの時点からなのかは分かりませんがローマ教会で「使徒信条」ができ上がり、アンブロシウスの時代までずっと受け継いできた、ということになります。

実はアンブロシウスは本当にその通りに受け止めていたことが、アンブロシウスの別著作から分かります。アンブロシウスは『信条講解』（*Explanatio symboli*）という著作を書いています。正確に言うと、アンブロシウス自身が筆を執って書いたのではなく、アンブロシウスの講義に出席していた誰かが、アンブロシウスが語ったことを書き留めたものです。アンブロシウスはミラノ教会の司教でしたから、受洗志願者たちに信条を教える講義を行っていました。アンブロシウスが教えていたのは「ミラノ信条」という地域信条です。アウグスティヌスもこの信条を告白し、アンブロシウスから洗礼を受けました。この『信条講解』の中で、アンブロシウスはこう語っているのです。

> それゆえ、聖なる使徒たちは、私たちが一連の信仰全体を簡潔に表現することができるように、集まって信仰の短い要約を作った。いつも覚えていられるように、心に思い起こすことができるように、短いものが必要だったのである。……それゆえ、聖なる使徒たちは一つに集まり、短い信条を作り出した。

ペンテコステの日以降、使徒たちが伝道のために散らされる前に「短い要約」「短い信条」を作り出したのだ、とアンブロシウスは言っています。そして、この「短い要約」「短い信条」が「ローマ教会が常に無垢なものとして守り、保存してきた『使徒信条』」のことであり、それがアンブロシウスの用いているミラノ信条へつながっている、と考えているのです。

これはアンブロシウスの独創的な考えというわけではありません。当時、一般的に考えられていたことです。前章に紹介したルフィヌスの『信条講解』（アクィレイア信条とローマ信条を比較しているもの）でも、アンブロシウスと同じことを言っています。しかもなぜローマではずっと信条の言葉が変わらなかったのか、という理由までルフィヌスは挙げてくれています。第一にローマは異端に直面しなかったので変える必要がなかったこと、第二にローマ教会には受洗志願者が暗記した信条を披露する「復唱」の実践があったこと、を挙げています。

つまり、アンブロシウスにしてもルフィヌスにしても、使徒たちが作った信条がローマ教会で変わらず保持され続け、自分の時代にまで至っていると主張しているのです。アンブロシウスとルフィヌスの時代は、四世紀末から五世紀初めにかけての時代です。アンブロシウスはミラノ信条を、ルフィヌスはアクィレイア信条を地域信条として用いていましたが、ローマ信条は使徒以来ずっと変わっていない信条として、一目を置いているのです。

そして「使徒信条」という名称は、三九〇年のアンブロシウスが書いたと思われる書簡に初めて見られる言葉です。この時代から使徒に由来するこの信条のことを「使徒信条」という名称で呼ぶようになったのです。使徒に由来する信条があるという共通認識は、「使徒信条」という名の下で、信条が統一化されていく下地を作ったと言えるでしょう。

## 使徒信条の伝説

使徒信条の統一化のプロセスに触れる前に、もう一つ、統一化に向けての間接的な要因になったことに触れたいと思います。それが「使徒信条の伝説」です。

どういう伝説かというと、使徒たちが一人一言ずつ信条の言葉を紡ぎ出して、「使徒信条」が作られたというものです。先ほどのアンブロシウスやルフィヌスは、「使徒信条」が使徒たちに由来するというところまで語りました。しかし具体的にどのようにしてできたのかということには沈黙しています。使徒信条の伝説というのは、まさにこの部分にかかわる伝説なのです。

いくつかの史料を挙げていくことにしましょう。初めに、著者は不明ですが、『使徒憲章』（*Constitutiones apostolorum*）というものがあります。三八〇年頃に東方のアンティオキアで編集されたと思われますが、部分的にはもっと古くまでさかのぼる可能性があります。その中に、こういう記述があります。

ペトロとアンデレ、ゼベダイの子らであるヤコブとヨハネ、フィリポとバルトロマイ、トマスとマタイ、アルファイの子ヤコブとタダイと呼ばれていたレビ、熱心党のシモンとユダの後に当選したマティア、主の兄弟とエルサレムの司教である二人のヤコブ、異邦人の教師であり

「選んだ器」（使九・一五）であるパウロ――全員が同じ場所に集まり、このカトリックの教えをあなたたちのために書いた。

使徒たちによって信条が作られたのは、使徒言行録第一五章に記されているエルサレムでの使徒会議が想定されているようです。マティアやパウロも加わっています。この場で信条が作られたという伝説です。

ただし、四世紀後半の『使徒憲章』は、使徒たちが一つに集まって信条を作った、ということしか語っていません。五世紀以降、いよいよ使徒たちが一人一言ずつ文言を紡ぎ出して使徒信条を作成したという伝説が見られるようになります。歴史上これが初めてだ、と断定するのは難しいのですが、五世紀にこのような証言があります。

救われたいと思う者は、すべてにおいて第一にカトリック信仰を確言する必要がある。この信仰を全体的に神聖なままで保たない限り、彼は疑いなく永遠の罰を受けるだろう。したがって、使徒たちは信条を起草した。
最初にシモン・ペトロが言った、「わたしは、全能の父なる神を信じます」
彼の弟アンデレが「その独り子、イエス・キリストを」
ゼベダイの（子）ヤコブが「彼は聖霊と処女マリアから生まれた」

彼の弟ヨハネが「彼はポンテオ・ピラトの下で十字架につけられ、葬られ」
フィリポが「三日目に死人のうちから甦り」
バルトロマイが「勝利のうちに天に昇り」
トマスが「父の右に座し」
マタイが「そこから生きている者と死んでいる者とを裁くために来るだろう」
アルファイの（子）ヤコブが「聖霊を」
タダイ、すなわちヤコブの子ユダが「聖なる教会を」
熱心党でもあるカナン人のシモンが「罪の赦しを」
マティアが「体の甦りを、将来の命を、アーメン」

これは『三位一体の信仰についての説明』（*De fide trinitatis quomodo exponitur*）という史料に記されているものです。著者は分かっていませんが、五世紀（もしくはそれ以降）の北イタリアで書かれた史料の冒頭部分です。ここには全部で一二人の名前が出てきます。ユダはいなくなっていたため、マティアが代わりに加えられて一二人になっています。ペトロが筆頭、マティアが最後ですが、それぞれが一言ずつ文言を紡ぎ出して、使徒信条ができ上がったという伝説が語られているのです。

もう二つだけ、使徒信条にかかわる伝説を見ていきましょう。成立になお不明な点も多いのですが、六〇〇年頃にリヨンで生まれた版に由来するガリア教会の教令集があります。七世紀の後半に

改定されて『古ガリア典礼』として知られるものとなりました。この史料の中にはさまざまな信条
（使徒信条、アタナシウス信条、ラテン語に翻訳されたニカイア信条）が含まれています。使徒信条は使徒たちの伝説によって紹介されています。
使徒信条が始まる。
ペトロは言った「わたしは、天地の造り主、全能の父なる神を信じます」
ヨハネは言った「わたしは、その独り子、わたしたちの主イエス・キリストを信じます」
ヤコブは言った「彼は聖霊によって宿り、処女マリアから生まれ」
アンデレは言った「ポンテオ・ピラトの下で苦しんだ、十字架に付けられた、死んだ、葬られた」
フィリポは言った「陰府に降った」
トマスは言った「三日目に死人のうちから甦った」
バルトロマイは言った「天に昇った、全能の父なる神の右に座した」
マタイは言った「そこから彼は生ける者と死せる者とを裁くために来るだろう」
アルファイの（子）ヤコブは同様に言った「わたしは、聖霊を信じます」
熱心党のシモンは言った「聖なる公同の教会を」
ヤコブの子ユダは言った「聖徒の交わり、罪の赦しを」

同様にトマスは言った「体の甦りを、永遠の命を」

ここではマティアは出てきません。一一人の使徒たちによる言葉です。興味深いのはトマスです。トマスはヨハネによる福音書の記述によると、復活の主イエスが最初に弟子たちに現れた場面には立ち会うことができず、主イエスの復活を自分の目で見るまでは信じないと言い張りました。そのトマスが、主イエスの復活の部分、「三日目に死人のうちから甦った」を担当しています。さらに、最後にも再登場し、「体の甦りを、永遠の命を」も担当しています。トマスが積極的に「甦り」の部分を担当した伝説となっているのです。文言としても、今の使徒信条にかなり近づいてきていることが分かります。

最後に、ベネディクト会に属する修道士のピルミニウスが書いたものを紹介します。ピルミニウスのことは、後ほど使徒信条の統一化の最終プロセスのところで詳しく取り上げたいと思います。ピルミニウスは七二四年までのどこかの時期に、聖書と教父からの抜粋を集めた著作『言葉集』（*Scarapsus*）を出版しています。その中に、こういう伝説を記しています。

そして主の弟子たちはエルサレムにもどり、彼らは一〇日になるまで絶えず祈っていた（使一・一二、一四）。そして五〇日目と呼ばれるペンテコステの日曜日が来た。この日、第三の時刻に、「突然、激しい風が……」（使二・二―四）。そして彼らはこのような信条を構築した。

ペトロが言った「我は天地の造り主、全能の父なる神を信ず」
ヨハネは言った「その独り子、我らの主イエス・キリストを」
ヤコブは言った「聖霊によりて宿り、処女マリアより生まれ」
アンデレは言った「ポンテオ・ピラトの下に苦しみを受け、十字架につけられ、死にて葬られ」
フィリポは言った「陰府に降り」
トマスは言った「三日目に死人のうちより甦り」
バルトロマイは言った「天に昇り、全能の父なる神の右に座した」
マタイは言った「そこから来られて、生ける者と死せる者とを裁き給わん」
アルファイの（子）ヤコブは同様に言った「我は聖霊を信ず」
熱心党のシモンは言った「聖なる公同の教会」
ヤコブの（子）ユダは言った「聖徒の交わり、罪の赦し」
同様にトマスは言った「体の甦り、永遠の命を信ず、アーメン」

ここではあえて、今の使徒信条の（文語の）形式で訳しました。このピルミニウスのものは、先ほどの『古ガリア典礼』とよく似ているところがありますが、注目すべきなのは、文言としては今の使徒信条と同じものが使われているということです。ピルミニウスはいくつかのパターンで今の使徒信条と同じ文言を示していますが、その中の一つが、使徒たちによる伝説という形で使徒信条を書き記しているのです。

限られた数になりましたが、いくつかの使徒信条の伝説が記されている史料を見てきました。こういう伝説が記載された史料は、これ以外にもたくさんあります。ピルミニウスの時代以降もたくさん作られていきました。ところが、ずっと先のことになりますが一五世紀に、このような使徒信条の伝説が人文主義者のロレンツォ・ヴァッラという人物によって否定されてしまうのです。人文主義をひと言で説明するのは困難ですが、人文主義者たちは古典を研究することによって、「中世」の時代の束縛からの人間解放を求めました。一五世紀頃の多くの人たちにとって、中世のカトリック教会に縛られているという思いがありました。そこから解き放たれるために、古典研究を通して輝かしい古代ローマ帝国の時代に戻ろうとしたのです。「源泉に帰れ」(ad fontes) という言葉がスローガンとなりました。印刷機の技術発展の助けもあって、人文主義者たちは多くの古典の史料に触れられるようになり、研究をしていきました。そして使徒信条の伝説に関する史料研究もなされました。そうすると、そこで使われていたのは古代の文体ではなく、中世以降の文体であるということが判明してしまい、使徒信条の伝説が否定されてしまうのです。

その出来事は一五世紀になってからの話ですので、今はひとまず人文主義の話は頭の片隅に入れておくだけにしたいと思います。ともあれ、五世紀以降、このような使徒信条の伝説が多くのところで語られていきました。合わせて「使徒信条」という名称でこの信条が呼ばれるようになったのです。そうすると何が起こるでしょうか。この信条は使徒たちの権威があるということになりますが、当然のことながら、文言の大幅な変更が難しくなります。使徒たちが一言ずつその言葉を言って使徒信条が紡ぎ出されたならば、その文言を訂正しようとするのは勇気のいることです。そもそも使徒たちが作ったものですから、いくつもの異なる信条が存在しているのもおかしな話です。五世紀以降の時代というのは、地域信条の固定化も次第に進んでいきましたし、教会の人たちも次第に固定化された共通のものを受容する方向へとシフトしていったのです。

## フランク王国のカール大帝

信条が次第に固定化へと向かっていく中、統一化への動きが起こります。フランク王国のカール大帝（在位七六八―八一四）によって、その統一化がなされるのです。

このカール大帝の話をする前に、フランク王国の話をしなければならないでしょう。フランク王国とはゲルマン民族の一つで、ローマ帝国内に侵入した後にガリアに定住し、今のフランスへとつながっていった民族です。ガリアにはフランク族以外にもさまざまな部族がいましたが、五世紀にメロヴィウスという人が統一し、メロヴィング王朝が始まっていきます。クローヴィス（在位四八一―五一一）の時に絶頂期を迎えます。クローヴィスは当初、キリスト教徒ではありませんでしたが、ガリアにいた別部族であるブルグンド族から妻を迎えていて、その妻がキリスト教徒でした。

ある闘いの前に、もしこの戦争に勝利をすることができたらキリスト教へ改宗すると誓い、見事に勝利を収めます。その約束通り、王であるクローヴィスをはじめ、多くの人たちが洗礼を受け、キリスト教へ改宗します（四九六年）。

そのようにキリスト教信仰を受け入れたフランク王国の歩みが続いていきますが、次第にイスラム勢力に脅かされるようになります。イスラム勢力の伸展は目覚ましく、八世紀には今のスペインやポルトガルのほとんどはイスラム勢力の支配下に置かれます（その後、数百年かけて、スペイン王国とポルトガル王国が領土を取り返していきました。これを「レコンキスタ」と言います）。七三二年、イスラム勢力とフランク王国の間で戦争が起こります。トゥール・ポワティエの戦いと呼ばれています。トゥールもポワティエも今のフランスに存在している都市ですが、フランスのかなり内部までの侵入を許し、トゥールとポワティエとの間が戦いの舞台となったのです。この戦いでフランク王国軍を率いたのは、宰相のカール・マルテルでした。見事にイスラム勢力を撃破し、カール・マルテルの名声が高まっていきます。もしこの戦いに敗れていたら、その後の歴史が大幅に変わっていたのではないかと言われるくらい、重要な戦いでした。

この頃、すでに実質的な支配者はカール・マルテルでした。しかしマルテル自身は王になることはせず、王になったのはマルテルの子である小ピピンの時です。小ピピンも実質的な王となっていましたが、正統な血筋を引いているわけではありませんから、自分が王になるための理由付けが必要です。小ピピンはローマ・カトリック教会の教皇ザカリアスの認可を得て、王に任職されます

(七五一年)。教皇ザカリアスもフランク王国の軍事的な支援が必要でしたから、両者の利害が一致したのです。ここにメロヴィング朝は終わり、カロリング朝が始まっていきます。小ピピンの死後(七六八年)、息子のカールが王権を確立していきます。領土の拡大を続け、今のフランス・ドイツ・オランダ・ベルギー・スイス・北イタリアなど、広大な範囲を支配下にしていきます。時の教皇レオ三世もまた、フランク王国の保護を必要としていました。カールの保護を受けていた教皇は、八〇〇年の降誕祭に、ローマのペトロ大聖堂でカールへ戴冠を行っています。フランク王国とローマ・カトリック教会は、二人三脚の歩みを続けたのです。

こういう働きをなした彼は「カール大帝」と呼ばれています。横道にそれますが、トランプのキングには四種類の絵柄があります。実在する四人の王がそのモデルになっていると言われています。古い順に、ダビデ王、アレクサンドロス大王、ユリウス・カエサル、そしてカール大帝の四人です。そういう世界の名だたる王となったカール大帝には夢がありました。かつての古代ローマ帝国でキリスト教を公認し、大帝国を治めていたコンスタンティヌス帝のように、自分もキリスト教帝国を建設するという夢です。カール大帝の信仰面にも触れておきたいと思います。彼は敬虔なキリスト者でした。毎朝のミサや晩禱は欠かすことがなかったと言われています。多くの教会会議を招集し、礼拝様式を統一していきます。告解や幼児洗礼などの制度が整えられ、カトリック教会の原型が確立したと言われることもあります。カール大帝は大帝国を築き上げましたから、さまざまなことを統一していく力を持っていたのです。

## 信条の「標準化」の波

大帝国を築き上げたカール大帝は、さまざまなことを統一化していきましたが、この中に信条の統一も含まれます。使徒信条の統一化の話に進む前に、カール大帝の時代に、信条の「標準化」の波が押し寄せていたことに触れておきましょう。

東方教会と西方教会に共通している信条として、ニカイア信条を挙げることができます。四世紀に東方でできたものですが、西方教会にも輸入され、ラテン語に翻訳されたものが用いられていました。このニカイア信条と並んで、西方教会では古ローマ信条（R）や各地の地域信条が用いられていたことは、これまでのところで述べてきた通りです。

このニカイア信条に関して、東方教会と西方教会との間で大きな問題が生じました。それがいわゆる「フィリオクエ」論争です。ニカイア信条はギリシア語からラテン語に翻訳されましたが、ラテン語のニカイア信条に「フィリオクエ」というラテン語の言葉が挿入されたのです。ニカイア信条の第三項の聖霊のところは、ギリシア語では「聖霊は御父から出で……」でしたが、ラテン語では「聖霊は御父と御子（filioque）から出で……」というように、フィリオクエ（filioque）という言葉が挿入されたのです。filio というのは「子」、que というのは英語での and や also に当たる言葉です。つまり、東方では聖霊は父からのみ出ると考えますが、西方では聖霊は父と子から出ると考えるのです。

なぜこのような違いが生じるのでしょうか。東方教会は三位一体の神の要が「父なる神」と考えました。もちろん、父・子・聖霊で序列があるわけではありませんが、「父なる神が子なる神を生む」「父なる神が聖霊なる神を派出する」というかかわりの中で、三位一体の神の統合を考えていきました。これに対し、西方教会ではアウグスティヌスの三位一体論の考え方が大きかったのですが、聖霊を父なる神と子なる神との間を結ぶ「愛の絆」と考えました。つまり父なる神と子なる神との両者の関係にかかわることなので、父と子からの聖霊の「二重派出」の考えが大事にされたのです。

お互いに譲れない主張があったわけですが、当然のことながら、東方教会の人たちは怒りました。権威あるニカイア信条に勝手に文言を挿入するとは何事か、と。「フィリオクエ」の最初の記録は、五八九年の第三回トレド教会会議に見出すことができます。それ以降、西方教会のニカイア信条に「フィリオクエ」の文言が付加されることが多くなったのです。以降、このフィリオクエ論争が激しさを増し、カール大帝の時代にもしばしば「フィリオクエ」が会議の議題となりました。カール大帝は度重なる教会会議で、「フィリオクエ」の挿入を確認していきました。例えば、七九四年のフランクフルト教会会議で「フィリオクエ」を確認し、八〇九年のアーヘン教会会議では東方教会の「フィリオクエ」なしを異端宣告し、「フィリオクエ」を告白すべきであると宣言したのです。

このように、カール大帝の時代に、西方教会において「フィリオクエ」が確固たるものとして

「強化」され、「標準化」されていくという状況があったのです。その他にもアタナシウス信条というものが「標準化」されていきました。「アタナシウス」は東方のアレクサンドリアの司教でアレイオス論争を闘った四世紀の人物ですが、その人がアタナシウス信条を作ったわけではありません。おそらく五―六世紀にガリアで作られたものとされています。しかし彼が闘ったアレイオス論争の結果がこの信条に反映されていることから、「アタナシウス」の名を冠して作られたのでしょう。このアタナシウス信条もまた、カール大帝の時に「標準化」されていったのです。

## 「使徒信条」の誕生と統一化

このような信条の「標準化」の波が押し寄せる中、使徒信条の統一化も図られることになるのです。カール大帝は八一四年に死去しています。晩年のことになりますが八一一年に信条に関する調査をしました。各地の司教たちに手紙を送りました。内容としては、どのような信条を用いているのか、どのように洗礼式を行っているのか、どのように洗礼前教育をしているのか、という問い合わせです。各地からの返答の結果はカール大帝にとっては散々なものだったようです。フランク王国内の信条はバラバラだったのです。

そのような調査がなされた上で、八一三年に各地で教会会議が開催されていきます。洗礼式の統一化を図り、洗礼志願者への洗礼教育の一環として、「標準化」された洗礼信条の使用を促進したのです。八一三年の教会会議は、ランス、トゥール、マインツ、アルル、シャロン＝シュル＝ソーヌなどで開催されました。しかし私たちの期待を裏切る結果かもしれませんが、「使徒信条」というこういう文言の信条で統一化しよう、というような決議がなされたわけではないのです。教会会議での決議はあくまでも「標準化」された信条を用いよう、ということだったようです。

それでは「使徒信条」の文言の統一化はどのようになされたのでしょうか。そのためには、少し時代をさかのぼって、ベネディクト会士のピルミニウスの話をしなければなりません。本章の「使徒信条の伝説」のところで、すでに少しだけ登場しています。彼は六七〇年頃、おそらくナルボンヌ（フランス南部）に生まれました。やがて修道士になります。この時代はイスラム勢力による略奪を頻繁に受けていた時代です。特に南部の沿岸は大きな被害を受けました。南から船に乗って来襲してくるのです。その影響から、ピルミニウスも各地を転々としたようです。七一八年にアントワープの修道院長になります。七二四年には（コンスタンツ湖に浮かぶ）ライヒェナウ島に、カール・マルテルの保護と後援によって修道院を設立し、修道院長になります。後に政治的な理由からアルザスに追放され、七五三年にホルンバッハの修道院で死去しています。ピルミニウスの生涯の足跡をたどりましたが、彼の活動の範囲はライン川・ドナウ川の北方のアルザスを含めた南西ドイツのかなり広い範囲に及んだのです。

このピルミニウスが、七一〇年から七二四年の間のどこかで、聖書と教父からの抜粋を集めた著作を出版しています。修道士の働きを助けるために出版されたものです。この著作はかなり広く読まれたものと思われます。この著作の中で、三回にわたって信条が引用されています。それぞれの形式は異なっています。一つ目は先ほどもご紹介した通り、使徒たちが一言ずつ言葉を紡ぎ出して使徒信条が作成されたとする伝説の形で示されています。二つ目は洗礼の祭儀の形で示されています。三つ目は「あなたがたは信じるか」の形で示されています。それぞれで小さな違いは生じていますが、現在の使徒信条の形と同等の信条を再構成することができます。現代の使徒信条成立史研究では、今の使徒信条はこのピルミニウスに見出すことができるというのが共通理解です。

ピルミニウスのこの信条は、当初はガリアで作られ、育まれていった信条です。そしてピルミニウスの活動を通してライン川・ドナウ川の北方のアルザスを含めた南西ドイツのかなり広い範囲に広まっていったと考えられます。それが八世紀の時代にすでに起こっていました。その状況下で九世紀の初めに、カール大帝によってフランク王国内で信条に関する調査が八一一年からなされ、八一三年に一連の教会会議が開催され、洗礼式の統一化を図り、洗礼志願者への洗礼教育の一環として「標準化」された洗礼信条の使用が促進されました。すでにかなり広範囲にわたって広がっていたピルミニウスのものが、ごく自然に採用されていったものと思われます。つまり、八世紀にすでに広まっていたよく知られた信条があったので、九世紀の教会会議の決議としては「標準化しよう」だけで済んだのです。

ちなみに、使徒信条成立史研究の分野では、今の使徒信条を（T）と表記することがあります。これはラテン語の Textus Receptus（受け入れられたテキスト）の略です。今、日本で唱えられている使徒信条は、この使徒信条（T）を日本語訳したものです。使徒信条（T）は世界的に共通しているものです。

## 使徒信条の広がりとローマにおける受容

使徒信条の統一化のプロセスは二段階になります。カール大帝による統一化が第一段階です。現在のフランスとドイツの地域でほぼ独占的に使徒信条（T）が用いられるようになりました。しかし北イタリアまでのフランク王国内では統一化されたのでしょうけれども、教皇領であったローマは違いました。すぐには使徒信条（T）を受容しませんでした。ローマはそのまま古ローマ信条（R）やニカイア信条を用いていました。またローマはニカイア信条へのフィリオクエの挿入にも慎重でした。ローマは信条に関して（その他のこともそうかもしれませんが……）、とても保守的だったのです。

それでは、ローマで使徒信条が受容されるようになったのはいつ頃なのでしょうか。二人の人物を挙げたいと思います。一人目が、オットー一世です（九一二―九七三）。彼は神聖ローマ帝国の皇帝でした。とても力のある皇帝でしたので、「カール大帝」と同様、「オットー大帝」とも呼ばれています。彼も世俗権力者でありながら、教会のことにもとても熱心で、さまざまな改革に取り組んでいったことでも知られています。

二人目が、グレゴリウス七世（一〇二〇頃―一〇八五）です。彼はヒルデブラントという名でしたが、一〇七三年に教皇に選出され、グレゴリウス七世と名乗ります。彼は「叙任権闘争」という激烈な闘いをなしていきました。「叙任」というのは聖職者を任命することです。例えばローマ・カトリック教会の教皇は、現在はコンクラーベと呼ばれる選挙で選ばれます。誰が選ぶのかというとカトリック教会の枢機卿の人たちです。教会は自分たちのやり方で「叙任」をする。「叙任権」というのは「叙任」する権利のことですから、「叙任権」は教会にあります。政治家が介入してくる余地はありません。ところがグレゴリウス七世の時代、しばしば世俗権力者が教会の人事に介入してくるケースがありました。教皇の人事だけでなく、教会や修道院の人事に対してもそうだったのです。そういう世俗権力者は教会や修道院を自分の統治下に置きたい思惑がありますから、教会の「叙任権」を自分の手中に収めようとします。グレゴリウス七世はそれに反対し、「叙任権」は教会にあると主張し、激しい「叙任権闘争」が繰り広げられたのです。そんな教会の権威を守ろうとしたグレゴリウス七世は、教会改革にも熱心に取り組んだのです。

オットー一世とグレゴリウス七世の二人を挙げました。前者は世俗権力者、後者はローマ教皇ですが、両者に共通しているのが教会の聖職者たちの倫理的な改革です。両者の手法は違ったかもしれませんが、中世の教会を苦しめていた二つの悪弊を根絶しようとします。一つは「シモニア」です。使徒言行録の中に魔術師シモンが出てきます。使徒たちの奇跡の力を、お金を出して買おうとした人物です。このシモンにちなんで、教会の聖職者の地位をいわばお金で手に入れようとすることを「シモニア」と言います。教会のトップになれば、その教会を自由に動かせる力を手に入れることができますから、信仰の理由からではなく教会の座を狙う者たちがいたのです。

もう一つの悪弊は「ニコライズム」です。こちらの名前の由来ははっきりしませんが、聖職者の妻帯のことです。聖職者は結婚しないことが定められていました。ところがそれを破って結婚してしまう聖職者が現れたり、あるいは正式に結婚していなくても、妻同然の女性を連れ込んで一緒に生活している聖職者が後を絶たないという状況でした。

二人はこういう悪弊を根絶しようと改革をしていくわけですが、こういう堕落している教会は、いろいろな意味での弱さを抱えています。そういう状況の時にオットー一世やグレゴリウス七世の改革が起こっていきます。弱さを抱えたローマ教会は、フランク・ゲルマンの教会に屈する状況にあったのです。両者の改革は教会の典礼の改革も含みましたから、ローマ典礼はガリア・ゲルマン化していきました。それまでは使徒信条（T）をはねのけることができましたが、この時期についにローマは使徒信条（T）を受容したのです。

したがって、一〇―一一世紀がターニングポイントとなります。使徒信条がローマで受容されていきました。ガリア・ゲルマンで統一化された八―九世紀を第一段階とするなら、これが第二段階です。以降、西方教会全体で統一化された使徒信条（T）が用いられていきました。中世のこれ以降の神学者たちも、一六世紀のプロテスタント教会の改革者たちも、この使徒信条（T）を当たり前のように用いていったのです。

## 使徒信条成立史のまとめ

さて、これまでのところで使徒信条（T）の全成立過程を見てきましたので、まとめておきたいと思います。

聖書の言葉の中に、信条の萌芽を見ることができます。マタイによる福音書第二八章の主イエスの大宣教命令は、父・子・聖霊という信条の三重構造を決める要因となりました。コリントの信徒への手紙一第八章には、父と子がどのようなお方なのかという頌栄の定式があります。同じコリントの信徒への手紙一第一五章には、パウロが受け取り、パウロが手渡した「最も大切なこと」としての信仰の定式が語られています。使徒言行録第八章には、フィリポがエチオピアの宦官に洗礼を授けた場面があり、信条が問答形式で用いられていた証拠を見出すことができます。

この使徒言行録の記述にあるように、最初期の信条は、洗礼にかかわりがあるところで用いられ、育まれていったと思われます。「あなたは……を信じますか」という問いがなされ、「わたしは信じます」と答えるやり取りが洗礼式でなされます。その際に、信条の言葉が用いられたのです。洗礼式当日だけでなく、洗礼前の準備教育で、信条の「伝達」と「復唱」がなされました。また、洗礼と並んで、主に異端との闘いのために、「信仰の基準」が二―三世紀頃は盛んに用いられました。かなり流動的な言葉ですが、信条的な構造を持った言葉です。洗礼における信条も「信仰の基準」

も三世紀までは固定化されることなく、かなり流動的な文言で用いられていました。

四世紀になると、古ローマ信条（R）が登場します。ローマのいわゆる地域信条です。それと同時に、四世紀以降、最初は東方においてでしたが、論争の影響によって教会会議で信条が採択されるようになります。「わたしたちは……を信じます」という形式です。当然、固定化された信条です。まずは東方教会で固定化された信条が現れ、次いで西方教会にも導入されるようになります。

四世紀以降、古ローマ信条（R）が参照されながら、各地で地域信条が作られていきます。ローマは保守的で変わろうとしませんでしたが、各地域信条は独自の発展を遂げていきました。特に今の使徒信条（T）はガリアでの発展を受け継いでいます。八世紀にピルミニウスの信条が、ガリア・ゲルマンで広がります。そこへ、九世紀のカール大帝の典礼統一の動きが起こり、すでに広まっていたピルミニウスのものが用いられて使徒信条（T）として統一化されていきます。一〇―一一世紀にかけて、ローマでも使徒信条（T）が受容されます。こうして西方教会で、統一化された使徒信条（T）が用いられるようになったのです。

これが使徒信条成立史の概要ですが、ヴェストラ（二〇〇二年）やキンツィッヒ（一九九九年）の研究が出されて以降、使徒信条成立史研究は大きく変わっていきました。二〇世紀を代表する研究者であるケリーの研究をはじめ、二〇世紀半ばまでは、古ローマ信条（R）が二世紀から四世紀を貫いて確固たる地位を築いている、という前提で使徒信条成立史研究がなされていました。その有力な証拠が三世紀初頭のヒッポリュトスの『使徒伝承』でした。ところが、二〇世紀末までに、ヒッポリュトスの『使徒伝承』の史料の信ぴょう性が揺らいでしまったため、ケリーたちの主張は成り立たなくなってしまったのです。四世紀に古ローマ信条（R）が存在するのは確実ですが、それ以前の三世紀までは、信条はかなり流動的だったと捉えたほうがよさそうです。さらにキンツィッヒは、本書のこれまでのところで見てきたように、四世紀以降の信条が固定化されていった影響や使徒信条の伝説の影響も考慮に入れて、使徒信条（T）の成立過程を追っています（二〇一七年）。これが最新の使徒信条成立史です。

このように使徒信条が成立したプロセスももちろん大事ですが、使徒信条が受容され続けたことも大事です。使徒信条の冒頭の言葉はラテン語で credo（わたしは信じます）という言葉です。使徒信条は洗礼とのかかわりから育まれていきましたので、洗礼を受ける「わたし」が信じる、という言葉遣いになっています。あるいは、credis（あなたは信じるか）という言葉も洗礼式の司式者によって使われました。このように、もともとは洗礼にかかわるところで信条が受容されていきましたが、その後、教会会議で信条が採択されたり、礼拝の中で会衆によって信条が唱えられたりするなど、次第に credimus（わたしたちは信じます）へと領域を広げていきました。信条の文言としては、冒頭の credo や credis が、credimus に変わっただけで、内容そのものが変わったわけではありません。しかし「わたし」の信仰が「わたしたち」の信仰であり、「教会」の信仰であるということを、信条は言い表す力を持っていました。それゆえに信条は洗礼以外のさまざまな場で受容され、信仰生活、教会生活のあらゆる場で使われていくようになったのです。

# 第五章　宗教改革期の信条

## 一六世紀の改革前の使徒信条

使徒信条（T）が西方教会中で統一化されたことは、前章までに見てきた通りです。これまではどちらかと言うと「成立史」を見てきました。しかしここからはどちらかと言うと「受容史」になります。もちろん「成立」をしていくプロセスの中にも「受容」されることは含まれていました。「成立」と「受容」はコインの表と裏のようにワンセットです。「受容」されなければ、信条が発展して「成立」することがなかったからです。しかしこれ以降は、少なくとも文言としては「成立」しましたので、どのように「受容」されたのかを中心に見ていきたいと思います。

成立した使徒信条の言葉は、もはやいじる余地がなくなりました。固定化されたことが共通認識となったからです。文言が固定化されたことは、いったい何を意味するのでしょうか。同じようなことが聖書についても言えると思います。新約聖書もマタイによる福音書から始まり、ヨハネの黙示録に至る二七書簡が最初から固定化されていたわけではありません。それぞれの文書が生まれていき、次第に新約聖書が正典として形作られていきました。新約聖書の二七のリストが最初に見られる史料は、四世紀にアタナシオスが書いた「復活祭書簡」であると言われています。そして聖書が固定化された後に、引き続き問題となるのが解釈の問題であり、その解釈をどう浸透させていくのか、という問題です。信条もこれと同じです。使徒的な信仰が受け継がれているものとして使徒信条の言葉が固定化された後、この信条をどう解釈するか、その解釈をどう浸透させていくか、という二つのことが問われたのです。

一六世紀の改革者たちも、まさにこの二つの問題に取り組んでいったのです。しかし一六世紀になって改革者たちがいきなり使徒信条を解釈していったわけではありません。古代の時代でも教会の司教たちが受洗志願者たちに信条を講解することも盛んになされましたし、中世の時代でも信条講解がなされていきました。その一つの例として、中世を代表する神学者トマス・アクィナス（一二二五頃—一二七四）の『使徒信条講話』（*Collationes Credo in Deum*）を挙げたいと思います。トマスの死の前年の一二七三年のことになります。四旬節の灰の水曜日から復活祭までの四〇日の期間に、ドミニコ会士であったトマスは、郷土ナポリの教会において、学生や一般信徒を対象に、ナポリの方言で、毎日おそらく夕方に一連の講話を行っていきました。トマスの時代にはもう使徒信条（T）が文言としても統一化されていたわけですが、使徒信条が教理教育のために用いられていたことになります。

それではトマスは使徒信条のことをどう考えていたのでしょうか。先に触れたとおり、使徒信条は使徒たちがその文言を直接定めたという伝説がありました。トマスの時代も、まだこの伝説が有効だった時代です。トマス自身は積極的にこの説を宣伝していないとされていますが、使徒信条が内容的には使徒の時代にまでさかのぼるものと考えていたのは明らかです。

トマスの考えは明確です。使徒信条は使徒にさかのぼる起源を持つ。そして四世紀のニカイア信条のことをこのように言っています。

それゆえ、信条において、「まことの神よりのまことの神」が加えられて、キリストを被造物とする誤謬を排除し、また「造られずして生まれ」が加えられて、キリストは永遠からは存在しないとする誤謬を排除し、さらに「父と一体なり」〔ギリシア語では「同質」（ホモウシオス）〕が加えられ、子は父と同一の本性ではないとする誤謬を排除した。

（トマス・アクィナス、竹島幸一訳『使徒信条講話』四・三）

それゆえ、聖なる教父たちは、ニカイア公会議において、いま一つの信条に多くのことを付加し、それによってそれらの誤謬はすべて排除されるに至った。

（トマス・アクィナス、竹島幸一訳『使徒信条講話』五・二）

いずれの箇所も、誤った考えを排除するために、「信条」に「付加」がなされたと言っています。

これは明らかに、もともと存在していた「使徒信条」に「付加」がなされ、「ニカイア信条」が成立したことを言っています。トマスにとって、使徒にさかのぼる起源を持つ信条こそが「使徒信条」であり、東方で開催されたニカイア公会議（三二五年）とコンスタンティノポリス公会議（三八一年）で、「使徒信条」に「付加」がなされた信条が登場したと考えているのです。つまり、使徒信条の起源は一世紀、ニカイア信条は四世紀ということになります。

この考えはトマス独特の考えではなく、西方教会においては広く受け継がれていた考えでした。しかし、使徒信条の文言を使徒たちが直接定めたという伝説は、中世後期に揺さぶられることになります。中世ヨーロッパの教会では、各文言の下にその使徒の肖像画が描かれていることも稀ではありませんでした。しかし中世も終わりに近づき、「人文主義」（ヒューマニズム）というものが台頭するようになります。第四章で記した通り、人文主義者たちは古典研究を盛んに行いました。一四四三年、ヴァッラという著名な人文主義者が、ナポリで一人のフランシスコ会士が子どもに信条の起源に関する伝説を説いているのを聞いて不満を覚え、その人に公開討論を挑みます。この討論はナポリ王に妨げられて実現しませんでしたが、ヴァッラは古典研究を通して、この考えが伝説にすぎないことをよく知っていたのです。

このように、使徒の伝説に関しては物議を醸すことがあり、これ以降の時代にはこの伝説はあまり語られなくなります。しかしそれでも、使徒信条が少なくとも内容的には使徒にまでさかのぼる信仰であるという考えは根強く教会に残り、その信仰は、中世後期にとどまらず、一六世紀の改革期にまで受け継がれていきました。そして、使徒以来の信仰が使徒信条には受け継がれているということは、今日の私たちにとっても揺るぎない信仰なのです。

## 改革者たちはなぜ使徒信条を重視したか?

私がある勉強会で使徒信条成立史の概要をお話した後、質問を受けました。「なぜ改革者たちは(他の信条ではなく)使徒信条を重んじたのか」という質問です。他の有名なニカイア信条やアタナシウス信条もあるのに、なぜ使徒信条が重んじられたのか。素朴な質問ですが、とても大事な問いだと思います。その時もここに記す内容に沿ってごく簡単に答えました。ここではこの問いに答えていきたいと思います。

一六世紀の改革者たちの教会改革は、中世のカトリック教会への批判とワンセットでした。つまり、カトリック教会を批判しつつ、カトリック教会のあり方とは違う真の教会へと改革していこうとしたのです。結果としてカトリック教会とは違う「新しい」プロテスタント教会が生まれることになりましたが、その「新しい」教会はカトリック教会から離脱した「分派」活動と見られてしまったり、「破門」や「異端」の烙印を押されてしまう可能性がありました。実際にそれは現実のものとなりました。ルターの改革運動は一五一七年から始まりましたが、一五二〇年に教皇レオ一〇世の「大勅書」(Exsurge Domine「主よ、立ち上がり給え」)によって、ルターは破門されてしまうのです。この「大勅書」の最後はこうです。「上にあげた全部と各条項すなわち誤謬はそれぞれ、異端、つまずき、あやまち、信者の耳を傷つけるもの、素朴な人々を誤りに導くもの、カトリックの真理に反するものとして、有罪であると宣告し、非難し、完全に排斥する」。したがってルターは当時のカトリック教会からすれば「異端者」なのであり、ルターの改革した教会も「切り離された教会」となってしまったのです。

そこで改革者たちは、自分たちの活動が決して過去と切り離された新しい教会ではないことを示す必要がありました。そのために自分たちの教会が、古代教会や使徒の時代の教会と結びついていることを積極的に主張する必要があったのです。自分たちの教会は、中世のカトリック教会のあり方を否定するが、古代教会、そして使徒たちの教会に結びついている、と。その主張をしていくために、使徒信条を重んじる結果となったのです。つまり、使徒信条は古代教会とプロテスタント教会の橋渡しをするものなのです。使徒信条を告白しているからこそ、私たちは古代の教会と、そして使徒たちの信仰との連続性があると言えるのです。

改革者たちはこのように使徒信条を最大限に重んじました。改革者たちが示した多くの文書の中にも、使徒信条が出てきます。例えば、ルターが執筆した「シュマルカンデン条項」（一五三七年）というものを見てみましょう。この文書の冒頭のところにこうあります。「マントゥアで、あるいはどこで召集されるにせよ、公会議でわれわれの側から提出されるべき、また何をわれわれが受け入れたり、譲ったりできるか、できないかを示すキリスト教教理の条項。マルティン・ルターによって書かれたもの」。プロテスタント教会の改革運動が起こり、カトリック教会も対応が必要となり、間もなく「公会議」が開かれるとの噂が立ちました。もしも公会議が開かれた場合、弁明することが求められるわけですから、そのための備えをしなくてはなりません。そのためにルターが書いたものが、この「シュマルカンデン条項」です。

「シュマルカンデン条項」の第一部は、ルター派の教会（プロテスタント側）とカトリック教会が一致している点について記されています。

信仰個条の第一部は、神の主権の崇高な個条についてである。すなわち、

一、父、子、聖霊は、ひとつの神的本質と本性の中にある三つの別々な位格であり、天地を創造された唯一の神であられるということ。

二、父はなにものからも生まれず、子は父より生まれ、聖霊は父と子から出るということ。

三、父でも聖霊でもなく、子が人となられたということ。

四、子が人となられたのは、次のようにしてであること。すなわち、子は聖霊によって人の協力によらないでみごもり、無垢なる、聖なる処女マリアよりお生まれになった。そののち苦しみを受け、死に、葬られ、よみにくだり、死人の中からよみがえり、天に昇り、神の右に座し、生者と死者とを審くためにこられるなど、使徒信条や、また聖アタナシウスの信条や、子どもたちのために一般に用いられている教理問答が教えているとおりである。

これらの個条については、われわれ両方の側で同じことを告白しているのであるから、論争も争いもない。したがってこれについて今これ以上論じる必要はない。

（石居正己訳『一致信条書』四一三頁。傍点は筆者）

第一部はもうこれで終わりです。番号が振られていますが、一番から四番までの項目は、カトリック教会とプロテスタント教会との間で共通に信じていることだから、特に論争する必要はないとされています。四番の中に「使徒信条」が出てくるのです。

もう一つ、例を挙げたいと思います。『一致信条書』（一五八〇年）と呼ばれるルーテル教会（ルター派の教会）の重要文書を集めたものがあります。一五四六年のルターの死後、ルーテル教会内部でさまざまな論争が起こっていきます。分裂を回避すべく、一つの教会としてやっていくために作られたのが『一致信条書』です。この一致信条書は、ルーテル教会の大事な文書が収められる形で作られました。「三つの主要信条（使徒信条、ニカイア信条、アタナシウス信条）」「アウグスブルク信仰告白」「アウグスブルク信仰告白弁証」「シュマルカンデン条項」「大教理問答」「小教理問答」「和協信条」そして「付・証言集」から成るものです。一つ一つの解説をすることはここでの目的ではありませんが、最初のところに「三つの主要信条」が挙げられています。これは「基本信条」とも呼ばれているもので、使徒信条もこの中に含まれているのです。つまり、これらは古い時代から受け継いできた「基本信条」であり、これらを「基本」として、「アウグスブルク信仰告白」以下のルーテル教会独自の「発展」を考えているわけです。

このように一六世紀の改革の時代は、たくさんの文書が生み出されていきましたが、すべての文書において、「基本信条」が土台となって、そこからの「発展」した文書が作られていきました。ルーテル教会の独自の文書も、改革派の独自の文書も、それぞれのカラーが打ち出されてはいますが、その土台には使徒信条をはじめとする「基本信条」があったのです。

## ルターとカルヴァンの使徒信条への見解

一六世紀に教会の改革運動を始めたのは、マルティン・ルターです。一五一七年一〇月三一日に「九五箇条の提題」を町の城門に掲げたと言われています。しかし実際に掲げたかどうかは定かではありません。ドイツ語ではなくラテン語で書かれたものですから、民衆に広く読んでもらう意図よりも、議論のきっかけになることを願って書かれたものです。いずれにしても一〇月三一日という文書の日付が残されています（今でもドイツの州によっては祝日になっています）。これ以降、「九五箇条の提題」が思いもよらぬ形で大反響を呼び、ルターの意に反するところもありましたが、教会の改革運動が進んでいったのです。

ルターは改革運動を進めるにあたり、文書を書いたり、教会会議に出席したり、聖書のドイツ語訳を作ったりと、さまざまな務めをなしていきました。それらの中での大事な務めが、説教の務めです。ルターが一五三五年の三位一体聖日の説教の中で、使徒信条についてこのように言及しています。

正しくも教父たちは、キリスト教徒の子どもたちが復唱する単純な形での信条もしくはシンボルを作った。「わたしは天地の造り主、全能の父なる神を信ず、その独り子、イエス・キリストを……聖霊を信ず」。この信仰告白を私たちや以前の教父たちが考え出したのではない。蜂が麗しく華やかな花々から蜜を集めるように、この信条も最愛の預言者たちや使徒たちの著作（聖書全体）から、子どもたちと無学なキリスト教徒たちのために、適切な簡潔さをもって集められたのである。それは適切にも「使徒のシンボル」もしくは「使徒信条」と呼ばれている。簡潔さと明白さのために、それは最もよい配列ではないかもしれないが、古代の教会から受け継がれてきたものである。使徒たち自身によって作られたか、もしくは使徒たちの書いたものや説教から使徒たちの有能な弟子たちによって集められたに違いない。

ルターはここで使徒信条の言葉を引用しながら、使徒信条の成り立ちについて語っています。使徒信条の伝説のように使徒たち自身によって作られたか、あるいはその後の人たちが言葉を寄せ集めるようにして作ったかは定かではないが、「適切な簡潔さ」をもって作られたと語っています。使徒信条の伝説が崩れてしまったとしても、使徒以来の信仰がここに受け継がれているということに関して、ルターはまったくぶれることがなかったのです。ルターの改革運動を支えたのも使徒信条でした。自分が建てようとしている教会は古代教会につながり、また使徒たちの信仰を受け継いでいる教会であるとの確信を持つことができたのです。

続いてカルヴァンです。カルヴァンはルターよりも一世代あとの改革者です。スイスのジュネーヴの教会を改革しました。もともとカルヴァンは教会改革にかかわることに積極的ではありませんでした。一五三六年に『キリスト教綱要』の初版を執筆しました。プロテスタントの立場で執筆活動を行うことが自分の使命だとカルヴァンは考えていたのです。ところが旅の途中、戦争の影響で最短ルートが閉鎖されていたために回り道をし、たまたま立ち寄ったジュネーヴで、改革運動を進めていたファレルという人物にジュネーヴでの改革運動に加わるように、半ば脅されるように求められ、それを断ることができずに改革を担っていくことになりました。神の不思議な導きと言えますが、カルヴァンは教会改革を行いながらも執筆活動を精力的に続け、『キリスト教綱要』は版を重ねてボリュームも膨らんでいきます。最終版が一五五九年にラテン語で、一五六〇年にはフランス語版も出されました。

その最終版の『キリスト教綱要』の第二篇に、使徒信条の第二項の子なる神の講解が記されています。講解を一通り終えて、最後はこのように締めくくりました。

ここまで使徒信条の順序に沿って来たのは、この信条には少しの言葉で贖いの要点が纏められていて、我々にとってこれがキリストの内に注意して見るべき点を一つ一つはっきり認めるための一覧表のようなものだからである。私はそれを「使徒信条」と呼んでいるが、その著者が誰であろうと殆ど意に介しない。使徒たちが共同で書き上げて広めたか、使徒の手によって伝えられた教理の抜粋が忠実に集約されてこのような称号によって確認されたのか。確かに古代の教会著述家の大部分はこれを使徒に帰している。どういう起源から来たにせよ、私はそれが教会のそもそも初めから、実に使徒時代から公のまた全員の受け入れる信仰告白として重んじられたことを疑わない。これは最も古い時期以来、全ての敬虔な人たちの間で神聖なる権威を確立していたのであるから、誰か個人によって書かれたものとは考えられない。しかしここで注意すべき唯一の点は、我々の信仰の全歴史がこの内に簡潔に判然とした順序で述べられ、しかも聖書の堅実な証言が証明しない事項は含まれていないということは議論の余地がないという点である。

（ジャン・カルヴァン、渡辺信夫訳『キリスト教綱要　改訳版』Ⅱ・一六・一八）

ここにはルターとほぼ同じ主張が繰り広げられています。「使徒たちが共同で書き上げて広めたか、使徒の手によって伝えられた教理の抜粋が忠実に集約されてこのような称号によって確認されたのか」と語っています。使徒信条の伝説が成り立たなかったとしても、使徒信条には使徒以来の信仰が受け継がれている。その点ではルターと何ら変わることはありませんでした。また、ルターも使徒信条は聖書の簡潔な要約であるとの見解を述べていましたが、カルヴァンもその点は同様でした。

ルターやカルヴァンをはじめとする改革者たちは、古代教会そして使徒の教会に連なる教会を目指し、教会を改革していきました。他のニカイア信条やアタナシウス信条も重んじられましたが、使徒的信仰が表明されている使徒信条を、改革者たちはとりわけ重んじたのです。

## 使徒信条の教育的機能

一六世紀の教会改革運動は教育改革でもあったと言われることがあります。ルターが翻訳したドイツ語聖書は広く民衆に読まれ、ドイツ語の標準化へ貢献したとも言われます。また信仰面においても、これまでは置き去りにされていた信徒への信仰教育が、改革者たちによって重んじられていきました。

それではどのようにして信徒への信仰教育がなされたのでしょうか。教会改革運動の結果、カトリック教会とは違うプロテスタント教会が生まれていきましたが、生まれたばかりのプロテスタント教会がいったい何を信じているのか、明確な言葉で表す必要がありました。例えばルーテル教会はルターの後継者とも言えるメランヒトンが書いた「アウグスブルク信仰告白」（一五三〇年）を重んじていきました。改革派教会ではスイスのチューリッヒ教会を改革したブリンガーが書いた「第二スイス信条」（一五六六年）が重んじられていきました。しかしこれらは神学者たちが書いた神学的な言葉で言い表されたものです。信徒が読んでわかる、とまではいきませんでした。

そのため、信徒には信徒向けのものが作られていきました。具体的には、ルターの「大・小教理問答」、カルヴァンの「ジュネーヴ教会信仰問答」、「ハイデルベルク信仰問答」などを挙げることができますが、一六世紀の改革期には相当に多くのものが作られていったようです。このような教理問答はこれまでの教会の歴史の中にも存在していましたが、この時代にたくさんのものが作られ、しかもそれらが徹底的に用いられていったことは、これまでの時代に見られないことでした。

信仰教育で重んじられたのは、十戒、使徒信条、主の祈りでした。これらの三つは、三つの重要な文という意味で「三要文」と呼ばれます。ルーテル教会でも改革派教会でも重んじられました。しかし、これら三つの順番が大事になってきます。ルターは一五二〇年に「十戒の要解、使徒信条の要解、主の祈りの要解」を書いています。タイトルでの順番に表れているように、ルーテル教会では伝統的に、十戒、使徒信条、主の祈りの順番が大事にされました。それぞれには役割がありす。十戒は自らの罪を自覚するためのものであり、キリストのもとへと導く「養育係」(ガラ三・二四)としての機能があります。そのように十戒によって罪の自覚をさせられた後に、使徒信条へ向かうことになります。自分が罪人でありキリストの救いが必要であることを十戒によって知らされ、使徒信条に記されている筋道で罪人が救われるからです。ルターはそれぞれについて、このように言っています。

「十戒」は、人に彼の病気を認めるように教え、こうして彼は何をなし何をなさないか、何をなさずにおき、なさずにおくことができないかを見、感知し、彼自身罪人であり、邪悪な人間であることを認める。次に「使徒信条」は、彼を敬虔にし十戒を守る助けとなる薬、すなわち恵みをどこに見いだすべきかを彼に教え知らせる。そして、神と、キリストにあってあらわされ、提供したもう神の憐憫とをさし示すのである。

（内海季秋訳『ルター著作集』第一集第二巻、四三一―四七六頁）

ここにはルターの十戒および使徒信条の理解が簡潔にまとめられています。まずは十戒、そして使徒信条という順番が大切なのです。使徒信条の次は主の祈りです。救われた者としての祈りの生活が主の祈りによって教えられるからです。

別の著作を見ていきましょう。ルターは一五二九年に「大教理問答」を記します。最初から「大」という字が付けられていたわけではなく、もともとは「ドイツ・カテキズム」と呼ばれていました。この中で、ルターは十戒と使徒信条をこのように言っています。

十戒はもともとすべての人間の心にしるされているものであるが、使徒信条はいかなる人間の思慮をもってしても理解することはできず、ただただ聖霊によって教えられるほかないものである。それゆえに、十戒の教えはまだひとりのキリスト者もつくらない。というのは、神が私たちに要求したもうことを守ることができないために、神の怒りと不興とが相変わらず私たちの上にとどまっているからである。これに反して使徒信条の教えは、恩恵ばかりをもたらし、神の戒めのすべてに対して、喜びと愛とを持つようになるのである。

（福山四郎訳『ルター著作集』第一集第八巻、四七九―四八〇頁）

ここでも十戒と使徒信条に関して、先ほどと同じ主張が繰り返されています。ルターはこのようにしてこのカテキズムを書いていくわけですが、この「大教理問答」があまりにも大著となってしまい、信仰教育の実際の場面には非常に使いにくいということにルター自身もすぐに気づいたようです。そのため、同じ年に、もっとコンパクトなものの執筆を始めました。より短く、単純で、家庭で教えるためのものが、早くも同じ一五二九年中にでき上がったのです。これが「小教理問答」です。「小教理問答」は家長が子どもたちに信仰を教える形式になっています。この「小教理問答」においても、十戒、使徒信条、主の祈りという順番が守られ、ルーテル教会でのスタンダードになっていきました。

現代においてもそうですが、信仰教育は一朝一夕にできるものではありません。日々、「三要文」に触れ、学んでいく必要があります。「大教理問答」の中で使徒信条を説いた最後のところで、ルターは「わたしたちはこの世にあるかぎり、日ごとに使徒信条について説き教え、また学んでいかねばならないからである」と結んでいます。さらに興味深いのは、「小教理問答」の最後のところに付されている「家長が教えなければならない朝夕の祈り」のところにある記述です。「あなたは、寝床に入る時に、十字を切り、次のように言わねばならない。父と子と聖霊とのみ名によって、アーメン。次に、ひざまずくか、立つかして、使徒信条と主の祈りをとなえ、のぞむならば、更につけ加えて、次の小祈禱をとなえなさい……」。三要文は単に教理を学ぶだけのものではなく、日々の祈りにおいて用いられ、使徒信条も祈りの実践として重んじられているのです。

日本ではどうでしょうか。主の祈りは礼拝の中でも祈られますし、個人の祈りの生活の中でも活かされている場合が多いでしょう。ところが日本の多くのキリスト者にとって、使徒信条は洗礼前教育で触れたり、日曜日の礼拝の中で告白されるだけにすぎず、使徒信条を祈っている人はほとんどいないのではないかと思います。しかしルターの理解としては、使徒信条は生涯にわたって日々、祈り、触れていく必要のあるものだったのです。

続いてカルヴァンを見ていきたいと思います。カルヴァンもルターと同様、使徒信条での信仰教育を重んじました。カルヴァンがかかわった一五四二年の礼拝式文の中に「バプテスマの聖礼典」があります。これは洗礼式文ですが、成人洗礼ではなく幼児洗礼が前提とされています。洗礼は信仰を言い表して受けるものですが、幼児は自分で信仰を表明することができませんので、このような式文になっています。

祈願ののち牧師はおさな子の両親に言う。あなたがたは、このおさな子に、父と・子と・聖霊との御名によってバプテスマがほどこされることを望むのですか。

かれらは答える。はい、さようであります。

牧師は言う。ことがらは、このおさな子をキリストの教会の集いの中に受けいれるという問題であります。それゆえ、あなたがたは、この子がものごとを識別する年頃となったならば、神の民らによって受けいれられている教理において教育されることを約束しなさい。その教理はわたしたちすべてがもっている信仰の告白の中に要約されております。すなわち、こうであります。われは、天地のつくり主……〔以下、使徒信条〕。

（渡辺信夫訳『キリスト教古典叢書』第八巻、カルヴァン篇、一七八頁以下）

自分の子どもに幼児洗礼を受けさせようとしている親に求められていることは、使徒信条に基づく教育を子どもに受けさせること、となっています。その誓約をさせられるのです。幼児洗礼を受ける本人が成長し、やがて堅信礼を受けることになります。堅信礼は、時代や地域によって一律ではありませんが、一四歳頃に受けるものです。この堅信礼を受けて初めての聖餐に与ります。幼児は今ここで信仰を告白することはできませんが、「ものごとを識別する年頃」になるまで、いわば延期されていることになるのです。

それゆえ、その年頃になった者たちへの信仰教育をするためのプログラムが整えられたのは必然のことになります。もっともよく知られているのが、カルヴァンの書いた「ジュネーヴ教会信仰問答」です。先ほどのルターの「小教理問答」は、家長が子どもたちに信仰教育をするためのものでしたが、カルヴァンの「ジュネーヴ教会信仰問答」は、教会の牧師が問いを発し、子どもたちが答えるという形式になっています。つまり、子どもたちが暗記すべき言葉として、「ジュネーヴ教会信仰問答」は整えられているのです。

この「ジュネーヴ教会信仰問答」に表れていることですが、カルヴァンも信仰教育に「三要文」を重んじました。ただし、ルターとはその順番が異なります。カルヴァンは当初、ルターと同じ順番（十戒、使徒信条、主の祈りの順）を採用していましたが、ジュネーヴでの改革運動がうまくいかず、一時期ジュネーヴを去り、ストラスブールで過ごしていたことがありました。その期間を経てから、使徒信条、十戒、主の祈りという順番に変わり、以後、「ジュネーヴ教会信仰問答」などでもその線に沿って三要文を用いています。

カルヴァンのこの変化が、ストラスブールでの改革者マルティン・ブツァーという人物の影響なのかどうかは意見が分かれていますが、この理解が改革派の伝統となりました。その理解とはこうです。まずは使徒信条を辿りながら、人間の罪からの救いを語っていきます。そのうえで、救われた者としての生活を十戒で、救われた者としての祈りの生活を主の祈りで説いていくのです。また、カルヴァンは一貫して聖礼典についての説き明かしを置いています。カルヴァンが信仰問答を陪餐準備教育として考えていたからです。以上の流れはカルヴァンだけにとどまらず、改革派の信仰を表している「ハイデルベルク信仰問答」などにも受け継がれ、改革派の伝統となっていきました。子どもたちは「ジュネーヴ教会信仰問答」などによる信仰教育を施され、堅信礼を経て、初めて聖餐に与ることになります。一五四一年の「ジュネーヴ教会規則」に、以下のように定められています。

聖餐式が行われる前の日曜日に、子供は教理問答で教えられた通りの信仰告白をしなければ、式に出席してはならないという警告が発せられる。外国人や新来者はまず教会に出席して、必要とあらば教義を教えてもらうよう勧告されなければならない。このようにしてなんぴとも罪あるままで聖餐式に近づいてはならない。

(倉塚平訳『宗教改革著作集15』九九頁)

このようにして、ジュネーヴの教会ではカルヴァンの指導の下、幼児洗礼から信仰教育、そして聖餐への道がきちんと敷かれることになったのです。

ルターとカルヴァンの使徒信条の教育的機能について概観してきました。両者に共通しているのは、「三要文」としての使徒信条が、信仰教育の中核に置かれたことです。使徒信条を用いた信仰教育は、一六世紀に改革運動が起こり、各地へと広がっていきました。例えばコンスタンツではヨハネス・ツヴィック(一四九六―一五四二)という人物が作った教理問答が大きな名声を得ていました。次節と重なってきますが、ツヴィックによる子どものための教理問答の賛美歌集が用意され、主の祈り、使徒信条、十戒、山上の説教がその中に含まれていました。

## 会衆による告白と賛美

前節では使徒信条が教会教育のために用いられたことを見てきましたが、最後のところで、使徒信条の賛美歌が生み出されたことに触れました。これは中世の時代からなされていたことで、信条が会衆全体によって告白されたり、信条の言葉に旋律が付けられて歌として会衆によって、または聖歌隊によって歌われることもありました。宗教改革期においても、礼拝の中でその実践がなされたのです。

ルターが一五二六年に書いた「ドイツミサと礼拝の順序」の中で、ルターはこのように書いています。

> 福音書のあとで、全教会は信条、「わたしたちはすべてひとりの神を信ず」、をドイツ語で歌う。そのあとで、日曜日または祝祭日の福音書による説教が行われる。
>
> (青山四郎訳『ルター著作集』第一集第六巻、四三七頁)

ここでの信条とは、ニカイア(・コンスタンティノポリス)信条のことです。ルーテル教会ではルターのこのガイドラインに倣い、教理教育では使徒信条が「三要文」の一つとして用いられていますが、礼拝においてはどちらかというとニカイア信条の方が重んじられてきました。ルターの時代にも、使徒信条もしくはニカイア信条という選択肢があったようですが、現代におけるルーテル教会でも同様に選択肢が残されているようです。ニカイア信条も重んじられていると言ってよいでしょう。

これに対し、改革派の教会ではニカイア信条ではなく使徒信条が、教理教育だけでなく礼拝においても重んじられました。スイスのチューリッヒの教会を改革したツヴィングリの実践に、使徒信条の告白が早くも登場します。一五二五年の礼拝順序の中に、会衆の信仰告白としては初めての「交代唱和で使徒信条」（W・ナーゲル『キリスト教礼拝史』一七八頁、または、由木康『礼拝学概論新版』一六三頁）という証言があります。さらには一五二九年の教会規定による礼拝でも、一五三五年の規定による礼拝でも（ニカイア信条ではなく）使徒信条が定められています。

ジュネーヴの教会を改革したカルヴァンも使徒信条を重んじました。カルヴァンは、チューリッヒのツヴィングリからの影響も受けたと思われますが、最も影響を受けたのはストラスブールのブツァーからです。先ほども少し触れましたが、カルヴァンはジュネーヴの市当局と対立して追放され、一五三八年から四一年までストラスブールでの生活を送ります。このストラスブールでカルヴァンは迫害のために亡命してきたフランス人の群れを牧者として導いていきます。そしてストラスブールの改革者マルティン・ブツァーの影響を大いに受けます。その影響は多岐にわたりますが、使徒信条の実践もその一つに数えることができるのです。

ストラスブールでは以前からシュヴァルツという人物によって改革が進められていましたが、カルヴァンがストラスブールに滞在する時にはブツァーの影響力が強くなっていました。一五二四年から翌年にかけて、ストラスブールではドイツ語のミサ書が約一〇種類現れますが、ニカイア信条の代わりに使徒信条を唱える実践がなされていきます。ブツァー自身の礼拝順序によれば、説教の後に「使徒信条の歌唱」（由木康『礼拝学概論　新版』一六五頁）がなされ、その後、聖餐に与ります。

カルヴァンが「日曜日の礼拝に関しては、わたしはストラスブールの形式を持ち帰り、その大部分を借用した」（出村彰『スイス宗教改革史研究』五三頁）と言っているように、ブツァーから大いに影響を受けました。カルヴァンがストラスブールに辿り着き、その地での礼拝に出席したとき、彼を最も感激させたものは、会衆による見事な賛美歌の唱和であったと伝えられています。使徒信条の礼拝での告白も、ストラスブールから受けた影響と言ってよいでしょう。

ブツァーによるストラスブールでのドイツ語の礼拝（一五三七―三九年）、カルヴァンのストラスブールでのフランス語の礼拝（一五四〇年）、カルヴァンのジュネーヴでのフランス語の礼拝（一五四二年）の三つの式文を比べてみますと、三つの式文とも使徒信条の歌唱を行っています。カルヴァンが自分で式文を作る際に、すでにストラスブールでなされていた実践をまねて取り入れたのは明らかです。使徒信条の位置については、三つの式文とも説教が終わり、聖餐の前に位置づけられています。

使徒信条を礼拝の中で唱えるにしても、いったいどの位置で唱えているのかということは、案外、重要なことです。どの位置でもよいから唱えているというわけではないのです。私たちの現代の教会においても、聖餐に結びつけられたり、説教に結びつけられたり、聖書朗読に結びつけられている実践があります。

第二章の終わりのところで書いたことですが、五八九年の第三回トレド教会会議では、聖餐前に会衆でニカイア信条を唱えることが定められました。私たちが何を信じているのか、そのことを告白し、確かめた上で、聖餐に与るのです。同じような実践が一六世紀の改革期にもなされました。聖餐は使徒信条の歌唱をもって始められました。使徒信条は体の甦りと永遠の命についての希望を祝うとともに、創造と贖罪の神の力強い働きを朗誦する賛美歌として歌われ、会衆が「キリスト教信仰において生き、死ぬことを願う」(H・O・オールド『改革派教会の礼拝』一二二頁)ことを証言するために唱えられたのです。

ルターとカルヴァン、一六世紀の改革期のわずかな実践例を見たにすぎませんが、ルーテル教会ではニカイア信条が重んじられたのに対し、改革派教会では使徒信条の告白ないし歌唱が重んじられていきました。そして、その後の多くの教会で、使徒信条は会衆によって告白され、賛美がなされていきました。英国における自由教会(非国教派教会)の礼拝を扱ったレイモンド・アバは、賛美についてこのようにまとめています。

古典的な英国自由教会——バプテスト派、組合派、長老派、メソジスト派——はキリスト教の中心的な教義的伝統の中に立ち、全き公同の、使徒的信仰、全教会の信仰を保っている。この信仰はわたしたちの礼拝の中において明らかにされるべきであり、ここに讃美歌の信仰告白的な用法がある。わたしたちの信条は、もし「唱え」られないならば、「歌われる」であろう。わたしたちが自らの讃美歌の伝統に忠実である時、わたしたちが保っている公同的な信仰は、共同の讃美の中に示されることによって、わたしたちの礼拝の永久的な典礼的な構造の中に具体化されるのである。（レイモンド・アバ、滝沢陽一訳『礼拝　その本質と実際』一七〇頁）

この文章に表れているように、一六世紀の改革期を経て、あらゆる教会の礼拝の中で信条の告白が広く実践されていくようになりました。古代の時代は洗礼や洗礼前教育、異端反駁や教会会議という場で信条が用いられてきましたが、中世の時代に礼拝の場の中でも信条が告白されたり歌われたりする実践が取り入れられました。一六世紀の改革者たちもその実践を取り入れながら、信仰教育や礼拝での告白をさらに強化し、改革運動を進めていきました。そしてその実践はその後のあらゆる教派で受け継がれていったのです。

一六世紀の改革運動が成功した大きな要因として、信条を積極的に用いたからという理由を挙げることができます。使徒信条を重んじることによって、第一に、改革者たちは中世のカトリック教会を批判しながらも、自分たちの教会は古代の教会、とりわけ使徒的な信仰に立っていると主張することができました。第二に、あらゆる領域で自分たちが何を信じているのか、信条を用いることによって信仰を行き渡らせることができました。「わたし」の信仰であり「わたしたち」の信仰という構造を信条が持っていたからです。

# 第六章　日本における信条

## 「簡易信条」と「基本信条」

最後の章になりました。ここでは日本において使徒信条がどのように受容されたかを見ていきたいと思います。

明治の初期に宣教師たちが来日し、プロテスタント教会が建てられていきました。しかしそれよりも三〇〇年ほど前にカトリックの宣教師たちが来日して伝道がなされ、多くのキリシタンが生まれていました。その際に用いられたのが「ドチリイナ・キリシタン」という教理問答書です。この中に使徒信条が含まれています。当時のものをそのまま読むことは困難ですから、現代語訳でご紹介しましょう。

弟子　今までお願いの祈りについて教えて頂いたので、今度は信仰を確かにするてだてをお示しください。

師　「使徒信経」、その中にある「信仰箇条」を理解することである。今それを教えよう。

「使徒信経」とは、

天地の創造主、全能の父である神を信じます。父のひとり子、聖霊の不思議な力によって身ごもったおとめマリアから生まれ、ポンテオ・ピラトの治下で、責め苦に耐えられ、十字架に掛けられ、死んで葬られ、大地の底に降りられ、三日後に復活して天に昇られ、全能の神、父の右に坐りたまうた主イエス・キリストを信じます。それより以後キリストは生者・死者の別なく、人々を正しく導くために、天から下られるのである。聖霊を信じ、聖なる普遍の教会、聖徒の交わり、罪の赦し、身体の復活、永遠のいのちを信じます。アーメン。

である。　（宮脇白夜訳『ドチリイナ・キリシタン』六四―六五頁）

続く問答には、

弟子　「使徒信経」はどなたが作ったのですか。

師　主イエス・キリストの一二人の使徒が聖霊のお導きによって一か所に集まられ、主イエス・キリストの口から直接にお聞きになった内容を、箇条書きにされたものである。

とあり、ここでは使徒信条の伝説がまだ有効になっています。この先の問答では、使徒信条の文言を少しずつ区切りながら、解説がなされています。当時のヨーロッパでも使徒信条が重んじられていたわけですが、日本のキリシタンたちにも、使徒以来、伝えられてきたその信仰が伝えられたことになり、キリシタンたちの信仰教育に使徒信条が大いに用いられていたのです。

さて、明治期以降のプロテスタント教会に話を移したいと思います。プロテスタント教会の歩みが始まってほどなくして、使徒信条が重要な信条として用いられることになりました。日本では使徒信条のことを「簡易信条」と呼ぶことがあります。この用語は世界で通用するものではなく、後述するように、日本のプロテスタント教会の歴史の中で生まれてきた言葉です。使徒信条が盛んに用いられるようになった時期に生まれた言葉ですが、このネーミングは今でも用いられることがあります。プロテスタント日本伝道一五〇年記念の二〇〇九年に、日本基督教団において「日本伝道一五〇年記念宣言」というものが出されました。

……簡易信条と公会主義を特徴とする日本の教会の出発となりました。日本基督教団は神が働きたもう歴史の必然により生まれた公同教会であり、簡易信条、公会主義の伝統を受け継いでいます……。

（『キリストこそ我が救い』二九一頁に〈資料7〉として宣言文が掲載されている）

ここでは日本基督教団が二つの伝統を受け継いできたことが語られています。一つが「簡易信条」、もう一つが「公会主義」です。「公会主義」とは、定義やその評価も難しいところがありますが、簡単に言えば、「教派克服という理想を目指すもの」（『日本キリスト教歴史大事典』四九九頁）であり、特定の教派にとらわれない理念のことです。「公会主義」は一つの教派色を打ち出さないわけですから、当然、信条も「簡易信条」になるということは理解しやすいでしょう。

この宣言で言われているように、「簡易信条」としての使徒信条は確かに日本の教会で受容されてきたと言えます。この後で見ていくように、一八九〇年の「日本基督教会信仰の告白」の中に使徒信条が採用されていますし、一九五四年の「日本基督教団信仰告白」においても同じような形で使徒信条が採用されています。したがって使徒信条は日本の教会にとって、最も重んじられた信条であると一応、言えると思います。

しかし本当の意味で使徒信条は日本の教会に「受容された」のでしょうか。形式的に信仰告白の中に使徒信条は採用されていますが、私たちの信仰に血肉化しているでしょうか。私たちの信仰生活に内実化されて初めて「受容された」と言えるのではないでしょうか。この点は残念ながら不十分だったと言わざるを得ないところがあります。

また、そもそも使徒信条を「簡易信条」と呼んだところにも問題があったのではないかと私は思っています。一六世紀のプロテスタントの改革者たちは、前章で見てきたように、使徒信条・ニカイア信条・アタナシウス信条を「基本信条」と呼びました。そして「基本信条」を土台とし、それぞれの教派独自の信仰告白や信仰問答を生み出していきました。「基本信条」に据えられた使徒信条は、前章で見た通り、礼拝での告白や賛美で用いられましたし、信仰教育などの幅広い場所へと展開されました。ところが日本ではこのような展開はほぼ見られなかったと言っても過言ではありません。使徒信条を「簡易信条」として信仰告白の中に制定しただけで、その後の展開が置き去りにされてしまったのです。

このような問題意識を持ちつつ、本章では「日本基督教会信仰の告白」（一八九〇年）と「日本基督教団信仰告白」（一九五四年）の二つを軸にしながら、日本での使徒信条の受容について、触れていきたいと思います。

## 日本基督教会信仰の告白（一八九〇年）

「日本基督教会信仰の告白」は一八九〇（明治二三）年一二月に行われた「一致教会」の第六回大会で成立しました。この大会でなされた大きな出来事が二点あります。名称が「一致教会」から「日本基督教会」となったこと、そして「日本基督教会信仰の告白」が制定されたことの二つです。

これまでの一致教会では四信条（ドルトレヒト信仰規準、ウェストミンスター信仰告白、同小教理問答、ハイデルベルク信仰問答）が定められていました。それぞれをごく簡単に解説しておきたいと思います。歴史的に最初にできたのは「ハイデルベルク信仰問答」（一五六三年）です。ドイツのハイデルベルクで作られたものですが、改革派の信仰をもとに作られた信仰問答書です。続いてできたのは「ドルトレヒト信仰規準」です。オランダで論争が起こりました。ジュネーヴ・アカデミーで改革派の神学を学んでオランダに帰国したアルミニウスという人物が、カルヴァンの予定論を批判したからです。カルヴァンの予定論は二重予定論とも呼ばれ、選びに定められている者と滅びに定められている者の二つに分けることからこう呼ばれています。アルミニウスはこのカルヴァンの予定論を批判し、論争が起こり、この論争を解決すべく、オランダのドルトレヒトで教会会議が開かれました。その結果、アルミニウスを退け、カルヴァンの予定論が正統であると打ち出されたのが「ドルトレヒト信仰規準」（一六一九年）です。最後にできたのが「ウェストミンスター信仰告白」（一六四七年）と「ウェストミンスター小教理問答」（一六四八年）です。イギリスのロンドンのウェストミンスターで、教会会議が開かれました。この時期はイングランド内で改革派を推し進めようとするピューリタンが非常に大きな力を持ちました。その影響下で、改革派の信仰がかなり詳細にわたって打ち出されたのが「ウェストミンスター信仰告白」、それを短い問答形式にしたのが「ウェストミンスター小教理問答」です（「ウェストミンスター大教理問答」も同時に作られました）。

このように、これらの四信条はいずれも改革派の信仰が表されているものであり、かなり色濃く詳細に多くの文言を費やして言い表されているものです。今ではこれらの四つすべては日本語に翻訳されていて読むことができますが、当時は「ウェストミンスター小教理問答」しか翻訳されていませんでした。信徒はもちろん、牧師たちもその内容を細部まで知っている人は多くはなかったでしょう。宣教師たちから押し付けられたものとして、多くの日本人にとって重荷になっていて不評だったのです。

そのような雰囲気の中、一致教会の第六回大会が開かれました。この時の大会に出された信条の原案は、イギリスの長老派教会がウェストミンスター信条を簡素化して採用しようとした「二四箇条」でした。しかし横浜海岸教会の稲垣信牧師より突然、使徒信条採用の動議がなされ、また植村正久も同じ趣旨の建議書を提出し、これが朗読されたのです。

なぜ植村正久たちは使徒信条を採用しようとしたのでしょうか。さまざまな理由を挙げることができます。宣教師たちから押し付けられたものは、どれも改革派の歴史の中で作り上げられた成熟したものでした。日本はまだ伝道を始めたばかりです。まだ日本の教会には重すぎるので、今はもっと「簡易」なものがよいという考えが支配的でした。しかもどれも論争の中から生まれてきたものなので、論争的なものを避けたいという考えもあったようです。そして牧師や長老だけでなく、信徒がこぞって告白できるものがよいと考えました。結論としては使徒信条が最も適合し、しかも世界の公同信仰を告白しているものという点もありました。

このようにして、急遽、議場に使徒信条採用の意見が出され、議論がなされていきました。あまりに議論が白熱し、そこにいた宣教師のW・インブリーも心配したようです。結局、大会は使徒信条にW・インブリーが作成した前文を加え、これを「信仰の告白」としました。こうして生まれたのが「日本基督教会信仰の告白」です。

我等が神と崇むる主、耶蘇基督は神の独子にして、人類のため、その罪の救ひのために、人となりて苦を受け我等が罪のために、完き犠牲をさゝげ給へり。凡そ信仰に由りて、之と一体となれるものは赦されて義とせらる。基督に於ける信仰は愛に由り作用きて人の心を潔む。また父と子と、ともに崇められ、礼拝せらるゝ聖霊は我等が魂に耶蘇基督を顕示す。その恩によるに非ざれば、罪にしにたる人、神の国に入ることを得ず。古の預言者使徒および聖人は聖霊に啓廸せられたり、旧新両約の聖書のうちに語りたまふ聖霊は宗教上のことにつき誤謬なき最上の審判者なり。往時の教会は、聖書に拠りて、左の告白文を作れり。我等もまた、聖徒が曾て伝へられたる、信仰の道を奉じ讃美と感謝とを以て、その告白に同意を表す。〔以下、使徒信条〕

（『日本基督教団史資料集1』三四―三五頁）

後半は使徒信条で、前半の日本基督教会としての独自の部分が使徒信条に付加される形になっています。この第六回大会で激論が交わされた際に、使徒信条の意義は認めるが、使徒信条だけでは十分に触れられていないキリストの贖罪、義認と聖化、御霊による新生、聖書の権威を明らかにする教理が必要である、との意見が出され、その意見に対応する前文が付加されました。短い前文と使徒信条を組み合わせるという、キリスト教史上おそらく前例のないスタイルとなった信仰告白が作られたのです。

前半に付加されたものは、宣教師インブリーが草案したものとされますが、インブリーがゼロから作り上げたものではなく、ニカイア（・コンスタンティノポリス）信条が基になっているとされています。このように一八九〇年の「日本基督教会信仰の告白」は、（前面に出てこない）「ニカイア信条」＋（前面に出てきている）「使徒信条」という形で制定され、「簡易信条」としての使徒信条という道が日本のプロテスタント教会に切り拓かれることになったのです。

さて、この「簡易信条」という呼び名ですが、植村正久の影響が大きいと言えるでしょう。例えば、「一致教会の新憲法草案に付て」という文書の中に、「使徒信経の如き、簡単にして、要点を網羅せるもの」（『植村正久と其の時代3』七六八頁）などという表現があります。また、植村の信条に関する考え方が示されている史料がありますので、それを見てみましょう。信仰告白が制定された第六回大会（一二月）の半年前の一八九〇（明治二三）年三月一四日に発行された『福音週報』の第一号に、「信条制定に関する意見」が掲載されています。その中にこのようにあります。

今の日本は伝道の日本なり。アウクスブルク、ドルトもしくはウェストミンスターの会議定盟を必要とするものにあらざるなり。今の日本は開国以来僅々三十年なりといえども、実に第十九世紀の末にあたれる文明をもって自ら任ぜんと欲するものなり。日本国キリスト教徒も第十九世紀の文物智識と馬首を並べて進歩せんことを期するものなり。この理由あるにもかかわらず、化石然たる信条を固守し、将来に争を起こし、分裂を生ずるの種子をこの伝道の春に播し置かんとするに至りては、余輩ますますその不可なるを知る。ゆえに曰く、日本国キリスト教徒は、その信条を成るべく自由寛大にして十分に進歩の余地を与え、協和の根基を固うせざるべからず。今日において妄りに信条を細密にし、孑孑を漉して駱駝を呑むがごときは教会に不利を遺すこと少小にあらざるなり。

(『福音週報』第一号(明治二三(一八九〇)年三月一四日)、『植村正久著作集6』一一一—一一二頁)

「アウクスブルク、ドルトもしくはウェストミンスター」という信条や信仰告白が挙げられています。植村正久にとって、これらは将来に向けた発展の先にあるものであって、伝道開始間もない今の日本にとってこれらは重荷であると言っています。もちろん発展への道を閉ざしたわけではありませんが、将来に向けての「十分に進歩の余地を与え」るため、今は「簡易信条」で合意を形成し、その後の信条の発展という道を拓いておけばよいと考えているのです。細部のことをめぐって教会内で争いをするよりも、「簡易信条」をもって教会内の合意をきちんと形成し、日本伝道の志のもとで一致をする。宣教師や外国ミッションからの自主独立というのも大きな課題でした。そのため日本の教会の足腰をしっかりと強くした上で、日本人による「簡易信条」からの発展を将来の課題とすることを意図したのです。つまり、「簡易信条」としての使徒信条による第一段階があり、その後の発展は第二段階なのです。

植村正久らのこの主張が賛同を得て、「簡易信条」をもとにした「日本基督教会信仰の告白」が制定されました。一八九〇年のことです。それではその後の発展はどうなったのでしょうか。「日本基督教会信仰の告白」の制定から三四年後、植村正久がこれまでの信条問題を回顧している史料があります。一九二四（大正一三）年七月三一日に発行された『福音新報』第一五一一号に、「宣言もしくは信条」が掲載されています。その中にこのようにあります。

日本基督教会についてこれを例すれば、その信条のはしがき及びその本文はそのままに置き、現代に向かって破邪顕正的の宣言をこれに加え、その時弊、流俗に対するキリスト教倫理の宣戦布告文を添えるがごときは、確かに時勢の要求に協（かな）うものであろう。日本のキリスト教は未だ使徒信条のごときものを改廃したり、訂正したりするほどの程度にまで熟達して居らぬかも知れぬ。かかることは軽々しく着手すべきでない。しかし上記のごときものを使徒信条に加えて時代の必要に応じることは可能的の仕事であると思われる。日本基督教会は明治五年に創立せられたとき、福音同盟会の九ヶ条をその信条として採用した。明治十年日本基督一致教会なるものを組織した場合には外国宣教師らに余儀なくせられて余り丁寧にもウェストミンスター信仰告白、キリスト教略問答、ハイデルベルク問答、ドルト教憲の四つを採用して殆ど首も回らぬ時宜であった。明治二十三年日本キリスト者の実力ようやく発達してこの四筋の鎖を打ち切り、今のごとき簡明なる信条を自由に制定することを得たのである。かくのごとき歴史を有する日本基督教会は今日また更に一転機を見出すことが出来るに相違ない。

（『福音新報』第一五一一号（大正一三（一九二四）年七月三一日）、『植村正久著作集6』一二八―一二九頁）

植村正久の基本的スタンスは変わっていません。第二段階としての発展には未だ至っていないものの、「今日また更に一転機を見出すことが出来るに相違ない」と述べ、第二段階での発展に期待を寄せています。それをなすのは日本人キリスト者です。日本人が信条を告白し、神学的地平を切り開いていくことによって、伝道や教会形成に活気が生まれ、新たな信条も生まれていく発展を植村正久は期待していたのです。

しかし信条の「発展」がなされるために、「日本基督教会信仰の告白」や使徒信条が教会の中できちんと受け止められ、受容されていなければなりません。一六世紀の改革者たちは、使徒信条を「基本信条」に据え、礼拝の中で告白したり、信仰問答による信仰教育がなされていきました。それでは日本ではどのように用いられていたのでしょうか。一八九八（明治三一）年五月二〇日に発行された『福音新報』第一五一号に、「教会設立の目的」という文章が掲載されています。その中にこのようにあります。

ゆえに教会の礼拝には信条の正からんことを要す。神を拝するに当たり、会衆起立して異口同音に使徒信条などを唱えて、その信仰を告白するがごときは、おのずから礼拝の本意に適いし美風なりとす。或いは使徒信条を軽んじ、キリスト教に関する思想を曖昧にし、キリストの神性、罪の意義、救拯の道に付きて、いかなる見解を抱くも、こは神学の分類に属すとの一言の下に、軽くこれを度外に置き、ただ正心誠意神を礼拝すれば足れりという者あり。これ礼拝の性質を誤解せし皮相の見なりと言わざるべからず。

（『福音新報』第一五一号（明治三一（一八九八）年五月二〇日）、『植村正久著作集6』二四五―二四六頁）

植村正久は正しい信仰に立つために使徒信条は大事であり、「起立して異口同音に使徒信条などを唱えて」と述べ、礼拝での告白の重要さを説いています。今でもさまざまな賛美歌集には使徒信条が載せられていますが、『讃美歌』（一九〇三年版）の四八四番、『讃美歌』（一九三一年版）の五九四番に使徒信条が収められています。十分な調査をしたわけではありませんが、これらの番号が記載されている当時の教会の週報を目にしたことがあります。実際にメロディー付で歌われていたのか、言葉だけを告白したのかは分かりません。興味深いことに、ある教会では、毎週必ず使徒信条の告白を行っていたわけではないのですが、朝礼拝で告白した時は夕礼拝では告白せず、夕礼拝で告白した時は朝礼拝で告白せずといったように一貫性が見られない実践がありました。しかしこの教会ではかなりの頻度で告白していたので、植村正久が言う「起立して異口同音に使徒信条などを唱えて」という実践がなされていたものと思われます。

しかし、これは推測になりますが、全体的な印象として、当時の日本の教会では、実際に礼拝の中で告白されることはおそらく少なかったのではないかと思われます。外国からの式文をそのまま輸入して用いている教派は別だったと思いますが、日本は未開の地を開拓しているかのような伝道地でした。当然のことながら、簡素な礼拝が好まれました。主の祈りは早くから礼拝に導入されていたようですが、賛美歌を歌い、聖書が朗読され、説教がなされ、献金がなされる。そのような簡素な礼拝を多くの教会では行っていました。後で触れますが、使徒信条が日本の多くの教会の礼拝の中に導入されたのは、戦後のことなのです。

一八九〇年に日本基督教会で使徒信条が含まれた「日本基督教会信仰の告白」が定められました。しかし「日本基督教会信仰の告白」や使徒信条が教会の中に内実化していったとは言い難い状況です。言い換えれば、植村正久の言う「発展」がなされることなく、戦時下の日本基督教団の時代へと突入していくのです。

## 日本基督教団信仰告白（一九五四年）

一九四一年に日本基督教団が成立した当初、教団は信仰告白を持ちませんでした。このあたりのことは本書では詳述しませんが、信仰告白のいわば代わりとなったのが「教義ノ大要」というものです。その本文を示します。

イエス・キリストニ由リテ啓示セラレ聖書ニ於テ証セラルル父・子・聖霊ナル三位一体ノ神ハ世ノ罪ト其ノ救ノ為人トナリ死ニテ甦リ給ヘル御子ノ贖ニ因リ信ズル者ノ罪ヲ赦シテ之ヲ義トシ之ヲ潔メ永遠ノ生命ヲ与ヘ給フ

教会ハキリストノ体ニシテ恩寵ニ依リテ召サレタル者礼拝ヲ守リ聖礼典ヲ行ヒ福音ヲ宣伝ヘ主ノ来リ給フヲ待望ムモノナリ。

（『日本基督教団史資料集2』一二一頁）

日本基督教団は一九四一年に成立しました。最初は部制という制度を採りました。第一部が「日本基督教会」、第二部が「日本メソジスト教会」、第三部が「日本組合基督教会」……、というような制度です。もともと明治初期のプロテスタント教会の伝道の時以来、特定の教派に偏らない「公会主義」もあったので、合同に向けての機運がありました。しかし戦時下における国からの圧力があったのも事実です。一九三九年に「宗教団体法」というものが成立しました。諸宗教を国家の管理の下に置くことを目的としたものです。認可主義が採用されました。つまり、国が宗教を認可する、気に入らなければ認可しない、という形を採ったのです。認可にあたっては「教義ノ大要」を定めることが求められました。一九四一年六月二四日から二五日にかけて、富士見町教会において開かれた創立総会において、「教義ノ大要」を掲げ、日本基督教団が成立したのです。

この「教義ノ大要」の文面はどこから来ているのでしょうか。先ほどの「日本基督教会信仰の告白」と似ている部分もありますし、また後述する「日本基督教団信仰告白」にもこの文言は受け継がれていきました。「教義ノ大要」の制定をめぐってははっきりしないところがありますが、それぞれの教派（特に「日本基督教会」と「日本組合基督教会」）のさまざまな思惑がぶつかった末での制定だったようです。

ともあれ、このようにしてでき上がった「教義ノ大要」は、戦後の「日本基督教団信仰告白」の制定にも影響を及ぼすことになります。一九四六年二月二六―二七日にかけて行われた常議員会において、憲法（教憲）の草案が示されます。その草案の第三条は以下の通りです。

第三条　本教団ノ信仰ノ要領左ノ如シ
父なる神は限なき恩寵を以て人類を深き罪より救はんがため其の独子主イエス・キリストを世に遣し我等の為に救を成就したまへり
主イエス・キリストは神と等しくあることを堅く保たんと思わず……
また父と子とともに神として崇めらるる聖霊は……
この教会は聖霊の宮、主の体にして……
是れ実に神の言なる旧新両約聖書のうちに語り給ふ永遠の真理にして古の教会が聖書に基き使徒の教に従ひて左の告白文に示すところなり、我等もまた世々の教会とともに感謝と讃美とをもつて之に同意を表するものなり

われらは天地の創造主……〔以下、使徒信条〕
（『日本基督教団史資料集3』八八―八九頁）

この草案は「日本基督教会信仰の告白」に近いものがあり、使徒信条を最後に付加する形まで同じですが、あくまでも草案という形で一九四六年五月一日の『教団新報』に掲載されました。この第三条は信仰告白にかかわる部分であるため、さまざまな意見が出されました。例えば、東京教区は「憲法の前文と第三条信仰の要領を採択保留の意味で削除し、第三条には代わりに旧教団規則第六条（教義の大要）を入れること……」（同掲書、八七頁）という建議を教団総会に提出しました。

結果的に、第四回教団総会（一九四六年一〇月一六日）では、東京教区の意図した通り、教憲第三条に「教義の大要」が入れられる形のものが「教憲」として採択されます。この教団総会で「教義の大要」が暫定的とはいえ採択されたことは、教団は「教義の大要」の路線を払拭するのではなく、今後もその路線に従っていくことが既定路線になったことを意味します。つまり今後の信仰告白の基本線が、「教義の大要」の神学的枠組みに沿って引かれる結果になったのです。

翌年の一九四七年、「信条委員会」が一一月二五―二六日にかけて行われた常議員会に「信仰告白草案」を報告します。その文言の中に、「……古の教会が聖書に基いて告白した使徒信条とニケヤ信条とを使徒以来の歴史的教会の貴い遺産としてうけつぎ……」（『日本基督教団史資料集3』一四九頁）とあり、使徒信条とニカイア信条が並べられているのが特徴となっています。

この草案が公表されると賛否両論が起こったため、「教憲第二条を左記の如く修正するに止め」、となります。

以下の教憲第二条の修正案が、第五回教団総会（一九四八年一〇月二七―二九日）で可決されることとなります。

本教団は旧新約聖書を神の言にして救の要道を悉く載せたるものなりと信じ使徒信条を告白し、其の他の基本信条及福音的信仰告白に準拠す。

（同掲書、一五二頁）

ここに「使徒信条」の文言が残り、ニカイア信条は「基本信条」の中に吸収される形になりました。さらには、教団総会の席上で、「使徒信条を告白することは拘束力を有するか」「処女降誕を信ずべきや。又その解釈が違つてもよいか」という質問が出され、村田四郎信条委員長は「使徒信条を告白することは拘束力を有する。又、処女降誕については度はずれた神学的解釈は許されない」と答弁しています。このやり取りを経て、教憲第二条の修正案が可決されます。

このようにして整えられた教憲第二条の「使徒信条」と、教憲第三条の「教義の大要」が、その後の教団信仰告白に影響を及ぼすことが決定的となりました。実際に教団信仰告白が制定される際の「信仰告白制定特別委員会報告」によれば、「原案作製の態度としては、あくまで教団の信仰的歩みに即することを心掛けた。そのため教団が十数年間その下にあつて信仰の歩みを続けて来た教憲の信仰内容を素材として取上げることを最も適切であると考えるに至つた。即ち教憲第二条よりは聖書の権威の問題を、第三条よりは贖罪信仰による宣義、聖化、教会の問題を取上げることとした」（同掲書、一六八頁）という報告がなされています。

委員会が最初に出した案に対して微修正がなされ、一九五四年の第八回教団総会で現在の「日本基督教団信仰告白」が可決されることになります。教団総会の席上で、「成文化された信仰告白をもつことに苦痛を感ずる教会に対する配慮と見通し」についての質問があり、「夫々教団は已に使徒信条を信仰告白とする告白をもつ教会であり、今回の信仰告白文案は教憲第二、三条に則つたものであり、更に会派処理特別委員会は充分なる努力を捧げて来たことでもあり、教団に所属する教会に対してはこのことによつて信仰の一致を欠くようなことは考えられない」（同掲書、一七三頁）との答弁がありました。

このようにして「日本基督教団信仰告白」が可決されました。全文は次の通りです。

我らは信じかつ告白す。

旧新約聖書は、神の霊感によりて成り、キリストを証し、福音の真理を示し、教会の拠るべき唯一の正典なり。されば聖書は聖霊によりて、神につき、救ひにつきて、全き知識を我らに与ふる神の言にして、信仰と生活との誤りなき規範なり。

主イエス・キリストによりて啓示せられ、聖書において証せらるる唯一の神は、父・子・聖霊なる、三位一体の神にていましたまふ。御子は我ら罪人の救ひのために人と成り、十字架にかかり、ひとたび己を全き犠牲として神にささげ、我らの贖ひとなりたまへり。

神は恵みをもて我らを選び、ただキリストを信ずる信仰により、我らの罪を赦して義としたまふ。この変らざる恵みのうちに、聖霊は我らを潔めて義の果を結ばしめ、その御業を成就したまふ。

教会は主キリストの体にして、恵みにより召されたる者の集ひなり。教会は公の礼拝を守り、福音を正しく宣べ伝へ、バプテスマと主の晩餐との聖礼典を執り行ひ、愛のわざに励みつつ、主の再び来りたまふを待ち望む。

我らはかく信じ、代々の聖徒と共に、使徒信条を告白す。

我は天地の造り主、全能の父なる神を信ず。我はその独り子、我らの主、イエス・キリストを信ず。主は聖霊によりてやどり、処女マリヤより生れ、ポンテオ・ピラトのもとに苦しみを受け、十字架につけられ、死にて葬られ、陰府にくだり、三日目に死人のうちよりよみがへり、天に昇り、全能の父なる神の右に坐したまへり、かしこより来りて、生ける者と死ねる者とを審きたまはん。我は聖霊を信ず、聖なる公同の教会、聖徒の交はり、罪の赦し、身体のよみがへり、永遠の生命を信ず。アーメン。

ところがここでの答弁通りになりませんでした。「信仰の一致を欠く」出来事が起こってしまったのはご存じの通りです。なぜそうなってしまったのか、日本基督教団のその後の混乱を考察するのは本書での課題ではありません。ここでは信仰告白に対する評価をいくつか取り上げることにしましょう。

批判的な評価としては、必要最小限のことを告白すれば事が足りて神学的な深みを追及することを怠った、教団に属しているすべての教派の共通項を取り出しただけにすぎない妥協定式、合意形成が優先されてそれ以外のことが議論の対象とならなかったこと、そもそも信仰告白というものは教会の危機的状況の中で信仰的な決断として表明されるもので、教団の信仰告白制定時にはそれがなかったこと、などが挙げられています。どれも手厳しいものですが、ある程度は的を射ている指摘と考えてもよいでしょう。教団には多様な教派的背景があるため、どのみち現在の信仰告白の形にならざるを得ないのは当然です。そうした特質を前提とした上で、どのように信仰告白を活かしていくかが問われなければならないでしょう。

信仰告白を活かし得る積極的な評価もいくつか見ていきたいと思います。簡素なものなのできわめて実践的に、礼拝の中で告白したり洗礼式において用いたりすることができること、使徒信条という古代以来の信条を骨子にしながら宗教改革の教理が盛り込まれていること、教会教育の中で活かされる信仰告白となりうること、などを挙げることができます。

このような紆余曲折を経て、教団は信仰告白を持つ教会となりました。その意義はもちろん大きかったものの、しかしこの信仰告白にどういう特質があり、その特質を踏まえた上でどのように活かすのか、その点がほとんど置き去りにされてしまいました。その結果、信仰告白が軽んじられてしまう出来事が起こるのは必然のことでした。使徒信条や日本基督教団信仰告白が内実化したとは言い難いのです。

## 教団の危機と使徒信条の礼拝での告白の実践

一九五四年に「日本基督教団信仰告白」が制定されましたが、ほどなくして日本基督教団は危機に陥りました。使徒信条や教団信仰告白が内実化するに至らず、危機の時代を迎えてしまったのです。その危機を詳述することはここでの課題ではありませんが、信仰告白とのかかわりで、一つだけ事例を挙げておきたいと思います。

一九六七年に「第二次大戦下における日本基督教団の責任についての告白」(いわゆる「戦責告白」)が出されました。それ以来、教団内に起こった賛否両論の対処にあたるために「五人委員会」(北森嘉蔵、秋山憲兄、菊池吉弥、木村知己、佐伯倹)が発足し、「五人委員会答申」が出されました。その中にこのようにあります。

信仰告白と「告白文」との関係——

……この問題については、まずこの告白文が信仰告白とは秩序的に異なるものであることを明らかにせねばなりません。……この両者の関係は、聖書と宗教改革との伝統にしたがって、「信仰と行為」という古典的表現で理解するのが、最も妥当でしょう。……福音主義教会においては、「信仰」の問題以外の理由で、分裂することは許されません。「行為」の問題にかかわる「告白文」をめぐって、教団を新しい会派運動へ追いこむようなことがあってはなりません。

(『日本基督教団史資料集4』三五〇頁)

ここで示されている見解は明らかですが、この見解は十分に受け止められることはありませんでした。すなわち、「信仰」の部分が「教団信仰告白」であり、「行為」の部分が「戦責告白」であるにもかかわらず、「信仰」+「行為」として受け止められず、「信仰」なのか「行為」なのか、という構図で受け止められてしまったのです。信仰告白が内実化していれば、「信仰」を土台とした上での「行為」として受け止められたのかもしれませんが、「信仰告白」なのか「戦責告白」なのか、「あれかこれか」という構図になってしまったのです。

その他にもさまざまな問題が起こり、教団の混乱の時代へと突入していきました。そのような混乱の中で、改めて信仰告白の大切さが認識され、一つの具体的な試みとして、「教団信仰告白」や使徒信条を礼拝の中に導入して告白するという実践が多くの教会でなされていきました。もっとも、敗戦直後以降も式文が用いられてきた教派や、信仰告白が重視されてきた教派では、使徒信条が礼拝の中で告白されてきた実践はあります。私がある講演会で使徒信条の話をした時のことです。講演会が終わり、一人の方が近寄ってこられて、こう言われました。「私は聖公会の信徒ですが、式文で使徒信条を唱えてきました。使徒信条の話をうかがって、自分がずっと使徒信条を唱えてくることができたのはとても幸いだと受け止めました」。この方のおっしゃる通りです。式文を用いている教会では使徒信条に親しんでこられたことでしょう。しかし、比較的式文にとらわれない日本基督教団の多くの教会では、そのような実践がなされてこなかったのです。実例数としては不十分ですが、ここでは三つの教会の事例を紹介したいと思います。

### 横浜指路教会

教団の信条委員長として教団信仰告白の制定にかかわった村田四郎牧師が牧会をしている時代、一九五四年三月二九日と四月五日の週報に教団信仰告白が掲載され、四月一八日（教団信仰告白が制定された年のイースター）の礼拝の中で使徒信条の告白がなされています。また、一九六七年三月二六日（村田四郎牧師の辞任前の最後の礼拝、イースター）の礼拝の中でも使徒信条の告白がなされています。しかし村田四郎牧師時代、礼拝の中で定期的に使徒信条や教団信仰告白を告白することは定められませんでした。

信仰告白を礼拝で本格的に告白するようになったのは、小島一郎牧師の時からです。一九六八年一二月一日から、第一日曜日を中心とする聖餐のある日に教団信仰告白を礼拝の中で告白するようになります。その理由については、教団紛争が起こりかけたところにおいて、教会形成の点で、教団の信仰告白をすることは大切なことであるという考えにより、礼拝の中で月に一度の頻度で告白するようになりました。

さらに三和紀夫牧師時代、『讃美歌21』を導入するにあたり、二〇〇一年度より礼拝順序の変更がなされました。この変更の一つとして、毎週の礼拝で「信仰告白」がなされるようになったのです。当時の横浜指路教会の機関紙『指路』にこのように記されています。「信仰告白を毎主日の礼拝で告白します。これまでは日本基督教団信仰告白を聖餐のある礼拝で唱えましたが、歴史上のまた世界の教会と信仰を共有する礼拝であるためには、公同信条（基本信条）を告白するのがふさわしいのです。……毎週の礼拝で使用することによってその礼拝はキリスト告白を鮮明にするのです。……教団信仰告白は洗礼式、長老執事任職式等の礼拝で用います」。以後、礼拝の中で毎週、「使徒信条」が唱えられるようになったのです。

## 鎌倉雪ノ下教会

鎌倉雪ノ下教会の伝道開始七〇年記念誌『神の力に生かされて』に掲載されている年表の一九八〇年九月七日の欄に、「礼拝において使徒信条を唱えることを始める　使徒信条講解説教始まる」とあります。このことに関して、当時の加藤常昭牧師はこのように記しています。「現在のところ、教団が教会的母体として私どもを支えているとは言えません。その意味では幼かった私どもの教会を見守り育てた、かつての日本基督教会や東京中会のような存在は今はないのです。しかも福音とは何か、何を教会はしなければならないのか、という点でも教団の内部では理解の一致が見られなくなりました。教会としては当然求めて然るべき規範としての信仰告白が重んじられ、それによる教会の一致と共同が確保されるということもなくなりました。かつての時代よりも自覚的に改革長老教会の伝統を学び直し、これを現代に生かそうとする努力が求められるのは、私どもの成長段階として必要なことであると共に、こういう客観的な状況に促されてのことなのです。そこで、礼拝もまたこれまでの簡素な順序を少々変更しました。際立ったのは、十戒、使徒信条を加え、従来の主の祈りと共に、古来主要な信仰の表白とされてきた三つの文章を明白に口で言い表すことをするようになったことです」。

礼拝での使徒信条の告白が始まったタイミングで、使徒信条の講解説教が始まったのです。『加藤常昭説教全集』第二七巻「使徒信条」のあとがきに、このように記されています。「それまであまり変更していなかった旧来の礼拝順序も改めて検討し、最小限の改善を企てるようになりました。その一つが、一九八〇年九月から使徒信条を唱えるようになったということです。そこで長老会は、説教において使徒信条講解をすることが適切であろうと判断しました。……ちょうどわれわれが属する日本基督教団もまた、いわゆる教団紛争が起こって混乱を極めておりました。このような教会の危機において教会員の信仰の一致を改めて確立するためには、意識的に教理を語る説教が大切になります。……基本信条のひとつである使徒信条を共に告白し始め、その言葉のひとつひとつの意味を改めて問い続ける礼拝によって与えられたことはさいわいなことでありました」。

そして九月七日の初めての使徒信条の説教の終わりに、このように語られています。「今から私どもは、主イエス・キリストが定められた聖餐にあずかろうとしています。これは、パウロによれば、主が来られる時に至るまで、主の死を告げ知らせるものであります。使徒信条によって言葉をもって主のみわざを言い表しました者が、今私どものたましいとからだをここに寄せるようにして、主の死、そして、そこから甦りに至った主の食卓にあずかる。これが私どもの祭であります」。聖餐に与る信仰もまた、使徒信条によって整えられると語られているのです。

## 中渋谷教会

私が仕えている教会の事例で恐縮ですが、『中渋谷教会八十年史』にこのような記載があります（当時の嶋田順好牧師が執筆）。「礼拝の刷新ということで、一番大きな出来事は、一九八六年度の定期教会総会で、『使徒信条』を告白することを決議したことです。このことは一見些細な変更のように思われるかもしれませんが、教会にとっては大事な決断でありました。これまでの中渋谷教会の歩みの中でも一九六〇年十二月二十五日より一九六一年七月九日までの期間と一九七〇年四月五日から十二月二十七日までの期間、主日礼拝のなかで日本基督教団信仰告白が告白されてきました。前者の場合の理由ははっきりわかりませんが、後者の場合は、教団の信仰的混乱を憂慮した佐古牧師の提案に基づいてなされたものです」。

教団の信仰的な混乱に憂慮し、一時的に教団信仰告白がなされました。そしてさらにその後、礼拝の中で使徒信条が毎週、告白されるようになります。「一九八六年に使徒信条が取り入れられた背景にも、教団の諸教会に潮が満ちるようにひたひたと押し寄せている信仰的混乱ということがあ

郵便はがき

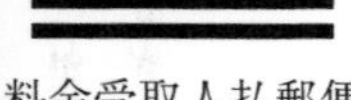

料金受取人払郵便

銀座局
承認

4307

差出有効期間
2024年2月
29日まで

104-8790

628

東京都中央区銀座4－5－1

# 教文館出版部 行

◉裏面にご住所・ご氏名等ご記入の上ご投函いただければ、キリスト教書関連書籍等のご案内をさしあげます。なお、お預かりした個人情報は共同事業者である「(財)キリスト教文書センター」と共同で管理いたします。

●今回お買い上げいただいた本の書名をご記入下さい。

書名

●この本を何でお知りになりましたか

1．新聞広告（　　　）　2．雑誌広告（　　　）　3．書　評（　　　）
4．書店で見て　　5．友人にすすめられて　　6．その他

●ご購読ありがとうございます。
本書についてのご意見、ご感想、その他をお聞かせ下さい。
図書目録ご入用の場合はご請求下さい（要　不要）

# 教文館発行図書　購読申込書

下記の図書の購入を申し込みます

| 書　　　名 | 定価（税込） | 申込部数 |
|---|---|---|
| | | 部 |
| | | 部 |
| | | 部 |
| | | 部 |
| | | 部 |

●ご注文はなるべく書店をご指定下さい。必要事項をご記入のうえ、ご投函下さい。

●お近くに書店のない場合は小社指定の書店へお客様を紹介するか、小社から直送いたします。

●ハガキのこの面はそのまま取次・書店様への注文書として使用させていただきます。

●DM、Eメール等でのご案内を望まれない方は、右の四角にチェックを入れて下さい。□

| ご氏名　　　　歳 | ご職業 |
|---|---|
| （〒　　　）<br>ご住所 | |
| 電話<br>●書店よりの連絡のため忘れず記載して下さい。 | |
| メールアドレス<br>（新刊のご案内をさしあげます） | |

**書店様へお願い**　上記のお客様のご注文によるものです。
着荷次第お客様宛にご連絡下さいますようお願いします。

| ご指定書店名 | 取次・番線 | |
|---|---|---|
| 住　所 | | |
| | | （ここは小社で記入します） |

ったことは否定すべくもありません。三位一体の神への信仰が曖昧になり、贖罪者キリストが忘れられ、未受洗者への陪餐が公然と行われるようになっているのです。それだけになにより教会が教会として拠って立つべき信仰の土台を礼拝の中でこそ共に確認したいと願ったのです。しかし、それ以上に重要なことは、信仰告白という行為自体のなかに、恵みに満ちた主の御業への賛美・頌栄の意味が込められているということでした。主を喜ばずに、崇めずにはいられない、そんな切実な思いを心を一つにして声の限りに礼拝の場で言い表したいと願ったのです。しかも、使徒信条を私たちが告白することは、時として必然的に時代の流れや状況に対する抵抗を言い表すことにもなるのです。世がキリストの愛を忘れ、神が私たち罪人のために、どんなに大いなる憐みを注いでくださったかを忘れ、高ぶり、奢り、自らを神のように仕立てあげる時、この告白は、この世に対する最も明白な抵抗の徴になるからです。また、日本基督教団信仰告白ではなく使徒信条を告白するということは、中渋谷教会がただ単に日本基督教団という枠に留まらず、世界の諸教会に開かれた公同教会の交わりに連なる姿勢を示すものです」。

三教会の実例を見てきました。横浜指路教会では一九六八年から月に一回の頻度で教団信仰告白を唱え、二〇〇一年からは毎週の礼拝で使徒信条を告白するようになります。鎌倉雪ノ下教会は一九八〇年から、中渋谷教会は一九八六年から、毎週の礼拝で使徒信条が告白されるようになり、その理由は教団の信仰的な混乱が生じたためです。

この三教会だけの実例をもって直ちに一般化することはできないかもしれませんが、教団の教会で礼拝の中で使徒信条や教団信仰告白が唱えられるようになったのは、教団の信仰的な混乱が要因となったのは間違いないでしょう。一九五四年に教団信仰告白を制定したものの、教団信仰告白や使徒信条を礼拝の中で告白するといった実践にはほとんど結びついておらず、教団の混乱が起こった後に遅まきながら、礼拝での告白をし始めたのが実情でしょう。換言すれば、教団信仰告白が制定されたことによって、日本基督教団は信仰告白を持つ教会にはなりましたが、その信仰告白を内実化させた教会形成が追いついていなかった、と評することができるでしょう。

## 二〇〇〇年の歴史を受け継ぐ使徒信条、今日の「わたし」「わたしたち」の信仰として告白する

使徒信条の二〇〇〇年の歴史を振り返ると、まずは洗礼とのかかわりで用いられ、次第に用いられる領域を広げていきました。異端対策のために用いられたり、教会会議で信条が採択されたり、信仰教育で用いられたり、聖餐や説教に結びつけられて礼拝で告白されるようになっていきました。一六世紀の改革期においても使徒信条は同じように受容され続け、さまざまな場において用いられ続けました。

それでは、日本ではこれと同じような道をたどり、受容されたと言えるのでしょうか。一八九〇

年の「日本基督教会信仰の告白」、一九五四年の「日本基督教団信仰告白」に使徒信条が含まれていることから、一応、形式的には受容されたと言えるでしょう。しかし日本における使徒信条の受容は、一六世紀の改革期の教会と比べて、本当の意味で受容されたとは言えないでしょう。改革期の教会は、教会会議での文書の中に基本信条である使徒信条を取り入れたり、礼拝で使徒信条を告白したり、信仰教育で使徒信条を盛んに用いたりする実践を行いました。それらの実践は日本では道半ばです。教団の信仰的な危機の問題が起こり、教団の教会では一九八〇年代あたりから礼拝の中でも使徒信条が告白されるようになってきましたが、まだまだ内実化の途中過程です。

本章を振り返りながら、二つの問題点を指摘したいと思います。

**①「簡易信条」ではなく「基本信条」ではないか?**

日本において使徒信条は「簡易信条」と呼ばれてきました。明治期に宣教師から「押し付けられた」四信条（ドルトレヒト信仰規準、ウェストミンスター信仰告白、同小教理問答、ハイデルベルク信仰問答）という「複雑」なものを廃して採用された使徒信条には「簡単」「簡明」「簡易」という言葉があてがわれ、「簡易信条」という名称が定着しました。当時の状況からして、植村正久たちがこのような言葉を用いたことは理解できることですが、この言葉を使い続けるよりも、一六世紀の改革者たちが据えた「基本信条」という呼び名の方がよかったと思います。残念ながら、使徒信条は「簡易信条」のまま軽視されたり、置き去りにされたり、忘れられたり、捨てられたりしてしまった歴史が日本にあると言わざるを得ないからです。

しかしそもそもは「基本信条」だったはずです。「基本」であるがゆえに無視することができないものであり、何をするにしても「基本」に据えられるべきものです。「発展」を考える上でも、まずは「基本」が必要です。使徒信条に「基本信条」としての地位を取り戻させる必要があると思います。

### ②「基本信条」からの発展

本章で見てきたように、植村正久は「簡易信条」としての使徒信条による第一段階があり、その後の発展という第二段階を考えていました。植村正久の時代は第一段階です。晩年にも将来の第二段階の発展を期待していました。しかしこの第二段階は日本の教会で起こったのでしょうか。今なお起こっていないと言わざるを得ません。

一六世紀の改革者たちは、使徒信条を基本信条に据え、すぐにさまざまなステートメントを出していきました。「アウグスブルク信仰告白」「シュマルカンデン条項」「大教理問答」「小教理問答」「第二スイス信条」「ジュネーヴ教会信仰問答」「ハイデルベルク信仰問答」など、たくさんのものを挙げることができます。いずれも一六世紀の改革期に書かれたものです。一六世紀の改革者たちにそれができたのは、これまでのキリスト教会の歴史の積み重ねと、改革者たちの神学的な下積みがあったからです。

しかし日本の教会では一六世紀と同じようにはいきませんでした。特に教団の教会では、諸問題への対処で手一杯になり、それどころではなかったというのが実情でしょう。日本の教会ではもっと時間がかかるでしょう。しかし使徒信条が本当の意味で受容されて内実化していくために、改革者たちに倣い、植村正久の言う「第二段階としての発展」を一〇〇年単位で考えていく必要があるでしょう。まずは何よりも使徒信条を「基本信条」として据えることです。そこから始めなければなりません。そのためにも本書で示してきた通り、使徒信条がどのような歴史を経て成立したのか、また受容されてきたのか、多くの方に知っていただきたいと願っています。

最後に、短い使徒信条講解を書いているクランフィールドの言葉を引用して、本書を閉じたいと思います。

使徒信条は教会が攻撃にさらされたときや、(あるいはもっと危険なことであるが)自分とはかかわりのないものとして無視されるかもしくは害のない新奇なものとして保護されるかするときに、新たな回復の起点として、決定的な役割を果たしうるのである。一九三三年以前のドイツでは、プロテスタント教会において、牧師だけが礼拝で使徒信条を唱えることが一般的であった。しかし、一九三三年以後は、会衆が信条の唱和に加わり始めた。教会員たちは、教会に対するナチの攻撃に直面して、自分たちの信仰を個人的にも公にも告白するために、そうすることを望んだのである。異なる伝統や言語、国家をもつキリスト者、さらには異なる世代や世紀のキリスト者をひとつに結びつけるものは、いかに優れていようとも、個人や教派あるいはキリスト者のグループによって作成された特別な声明であるよりは、使徒信条という、より効果的で力のある媒体なのである。もし使徒信条が定期的に用いられる教会で、形式的にではなく、深い理解と新たな確信を持って唱えられるなら、それは健全なことである。

（C・E・B・クランフィールド、関川泰寛訳『使徒信条講解』一一頁）

# あとがき

本書の執筆の動機は、私が神学生だった頃以来の「使徒信条がどのような歴史で成立したのか」という問いにあります。この問いに十分に答えられたかどうかは定かではありませんが、日本においてはこのような書物は皆無でありましたので、世界での最新研究を踏まえつつ、使徒信条成立史および受容史をまとめた本書は一応の目的は果たせたと思っています。

本書で示した通り、九世紀のカール大帝の典礼統一の動きによって、使徒信条はガリア・ゲルマンで統一化され、その後の一〇―一一世紀にローマで受容されるに至るまでのプロセスは示しました。しかしその後の使徒信条の受容史に関しては、中世の時代も十分に記せていませんし、一六世紀のプロテスタント教会での実践を多少取り上げただけで、その後の教会の歩みを飛ばして、日本の教会での実践を執筆してきました。不足しているところが多いかと思いますが、その点はご容赦いただきたいと思います。

しかし、使徒信条成立史および受容史を知っていただくことで、普段、私たちが告白している使徒信条が、二〇〇〇年の歴史を背負って私たちのところにまで手渡されてきたという重みを感じていただき、使徒信条を告白する喜びを増していただければ幸いに思います。また、信条成立史研究に興味関心を持っていただいた方の中から、今後、使徒信条成立史研究をしていただく方が出てくれば、著者としてこれ以上ない幸いです。私も今後、日本語訳の信条のリストが付けられた使徒信条成立史の研究書を書きたいと思っています。

本書は、このような一冊の書物として出版することになりましたが、出版に至るまで複数の論文を記してきました。特に「日本基督教団改革長老教会協議会」の季刊『教会』に六つの論文を掲載しました。それらを書き換える形で、また「東京神学大学神学会」の『神学』に掲載した論文を合わせる形でまとめました。

季刊『教会』（日本基督教団改革長老教会協議会）

- 「使徒信条の成り立ち①　日本での使徒信条成立史研究の五〇年の遅れを取り戻す」（二〇二〇年、No.118）、四一—五〇頁
- 「使徒信条の成り立ち②　地域信条の発展」（二〇二〇年、No.119）、四—一六頁
- 「使徒信条の成り立ち③　使徒信条としての統一化」（二〇二〇年、No.120）、一六—二五頁
- 「使徒信条の受容史①　古代から中世にかけての信条の発展」（二〇二一年、No.123）、六—一九頁
- 「使徒信条の受容史②　宗教改革期を中心に」（二〇二一年、No.124）、一四—二五頁
- 「使徒信条の受容史③　日本における『簡易信条』化」（二〇二一年、No.125）、六—一九頁

『神学』（東京神学大学神学会、教文館）

- 「使徒信条成立史における『永遠の命』」（八二号、二〇二〇年）、三一―四八頁
- 「使徒信条は使徒的なのか？――『信仰の基準』による使徒性の保証」（八三号、二〇二一年）、一三七―一六七頁

これらの論文以外にも、二〇二二年六月から七月にかけて行われた「東京神学大学公開夜間講座」において「信条でたどる教会の歴史」というタイトルで語った内容や、「東京神学大学後援会」などで語ってきた内容も、本書では踏まえられています。

本書の注に関しては、本来なら詳細な注をつけるべきところでしたが、本文の読みやすさを考えてそのほとんどを省きました。本書の「参考文献」に、参照した文献のリストの記載がありますが、右の論文を見ていただくと、詳細な注が付けられていますので、そちらをご覧いただければと思います。

最後になりましたが、本書の出版に至るまで、多くの方々にお世話になりました。季刊『教会』の論文執筆のお話をいただいたのは渡辺善忠先生からです。求められるままに論文を書いていたら、いつの間にか六回の連載になっていました。この連載がなければ、本書が出版されたとしても、も

っと後のことになっていたと思います。教文館の髙木誠一さんにも、本書の構想段階からさまざまなご相談に乗っていただき、大変お世話になりました。

また、神学校の働きへと送り出していただいている中渋谷教会の皆さまに感謝いたします。特に、伊吹十之さんと市橋みはるさんに本書の校正を丁寧にしていただき、また読者の視点からのアドバイスを多くいただきました。そして、いつも私の働きを支えてくれている妻の知香子に感謝しています。

二〇二二年　アドヴェント

本城仰太

《著者紹介》

**本城仰太**（ほんじょう・こうた）

1978年生まれ。東京神学大学，同大学大学院で学ぶ。東京神学大学博士（神学）。日本基督教団松本東教会牧師を経て，現在，東京神学大学常勤講師，日本基督教団中渋谷教会牧師。

使徒信条の歴史

2023年2月10日　初版発行

著　者　本城仰太
発行者　渡部　満
発行所　株式会社　教文館
〒104-0061 東京都中央区銀座4-5-1　電話 03(3561)5549　FAX 03(5250)5107
URL http://www.kyobunkwan.co.jp/publishing/
印刷所　モリモト印刷株式会社

配給元　日キ販　〒162-0814　東京都新宿区新小川町9-1
電話 03(3260)5670　FAX 03(3260)5637

ISBN978-4-7642-6168-6　Printed in Japan

# 参考文献

## 使徒信条成立史に関する文献

• J. N. D. ケリー『初期キリスト教信条史』（服部修訳，一麦出版社，2011年）（J. N. D. Kelly, *Early Christian Creeds*, 3rd ed., New York: Longman, 1972）

ケリーは 20 世紀を代表する信条研究の第一人者である。この書は 3 回にわたって版を重ねてきたが，1972 年の第 3 版はケリーの信条研究の集大成であり，使徒信条成立史を中心に据えながら，（原）ニカイア信条，ニカイア・コンスタンティノポリス信条とのかかわりも触れられている。

4 世紀の古ローマ信条（R）の以前の信条がまだ流動的だった時代において，ケリーはどのようなプロセスを経て信条が固定化されていったかということを調べ上げている。2-3 世紀において，洗礼にかかわるところで信条が用いられ，異端反駁にかかわるところで「信仰の基準」が用いられていく中で，明らかに公的な性格と特徴を持つ定型句が，3 世紀中頃までに結晶化していった，とケリーは考えている。そういう中で古ローマ信条（R）が結晶化していったわけだが，ケリーはヒッポリュトスの『使徒伝承』（3 世紀前半）の証拠から，古ローマ信条（R）が 4 世紀よりもずっと前の 2 世紀頃から，ローマではかなり強い影響力を持っていたという線で使徒信条成立史を考えている。

ところが，本書で記した通り，20 世紀後半にヒッポリュトスの『使徒伝承』の史料の信ぴょう性が揺らいでしまったため，ケリーの古ローマ信条（R）の長きにわたる伝統という説は成り立たなくなってしまった。このケリーの説を修正しているのが，最近の研究者たちの業績である。

しかし，ケリーの使徒信条成立史研究は今日においてもなお権威を有していると言える。日本においてケリーのこの書の翻訳がなされたものの，この研究が十分に受け止められて，その後の研究がなされてきたとは言い難い。ケリーのこの研究書（第 3 版）は 1972 年に出版され，約 50 年が経過しているが，1972 年以降のものは日本ではほぼ皆無なので，日本では少なくとも 50 年研究が遅れていると言っても過言ではない。

• 渡辺信夫『古代教会の信仰告白』（新教出版社，2002 年）

使徒信条だけでなく，（原）ニカイア信条，ニカイア・コンスタンティノポリス信条，カルケドン信条，アタナシウス信条にも触れられている。また，それぞれの信条の独特な釈義も載せられている。数としては十分とは言えないかもしれないが，日本でこれまで紹介されてこなかった多くの信条や関連するテキストを日本語で紹介してくれている点も評価できよう。

しかしながら，使徒信条成立史の研究としては，主にドイツ系の古典的な著作から信条成立史をたどり，それらを踏まえての独自の主張を展開しているものである。「若干の新しい発見を別として，古い時代の信条は 19 世紀末までにほぼ調べつくされた。20 世紀の信条研究は前世紀よりも下火になる……」（19 頁）。実際はまったく「下火」になっていないのだが，この書の議論は 19 世紀までのドイツ系のみしか踏まえられていないことになり，最新研究が踏まえられているとはとても言えない。

また，「我々は信条成立史における信仰規範〔信仰の基準〕の位置を重視しない……信条と信仰規範は素材が別々である」（53 頁）との主張がなされているが，少なくとも 20 世紀以降の研究では信仰の基準の位置づけが重視されているので，この点も修正が必要であろう。

• F. ヤング『ニカイア信条・使徒信条入門』（木寺廉太訳，教文館，2009 年）（F. Young, *The Making of the Creeds*, London: SCM Classics, 2002）

ヤングの書いた初版は 1991 年に出版され，同じものが 2002 年に SCM 古典叢書に掲載され，その日本語訳がなされている。原著のタイトルは The Making of the Creeds だが，日本語のタイトルは『ニカイア信条・使徒信条入門』となった。内容としてはニカイア（・コンスタンティノポリス）信条と使徒信条の文言を区切りながら，教父たちの言葉を引用し，教理史的な観点から注解しているものである。

第 1 章「信条の形成」において，三つの信条（ニカイア・コンスタンティノポリス信条，使徒信条，エルサレム信条）の比較，さらには三つの信仰の基準（エイレナイオス，テルトゥリアヌス，オリゲネス）の比較を行い，信条成立史の伝統的な観点に加え，教理史的な観点からの考察を行っているが，当然，成立史としては十分なものではない。

• 小高毅『クレドー〈わたしは信じます〉――キリスト教の信仰告白』（教友社，2010 年）

この書の「あとがき」に，こう記されている。「信条についての解説書」（355 頁）。しかし単なる解説書ではない。続けてこう記されている。「古代教父の言葉と現代の神学者たちの言葉を散りばめた錦織のようなもの……それらの引用の言葉は，どれもこれまでの信仰生活，学究生活において多大な示唆を与えてくれたものばかり」（356 頁）。

第 1 章が使徒信条，第 2 章がニケア信条，第 3 章がニケア・コンスタンティノポリス信条の「形成」がそれぞれ触れられているが，聖書の言葉や古代教父たちの言葉を引用しながら，厳密な仕方ではないかもしれないが，独特な仕方で「形成」（成立史）をたどっている点が大変興味深い。

第 4 章以降は信条の言葉を少しずつ区切りながら，ここでも古代教父たちの言葉などを引用しながら信条が伝えている内容の解説がなされ，他の標準的な使徒信条の解説本とは違う味わいがある。

- Liuwe H. Westra, *The Apostles' Creed: origin, history, and some early commentaries*, Turnhout, Belgium: Brepols , 2002

ヴェストラは 1966 年生まれ。言語学に基づくラテン教父の専門家，オランダ改革派教会の牧師。*Corpus Christianorum* シリーズにあらゆる信条テキストの注解を書く務めにあたり，第一に各信条のテキスト批判をする必要，第二にそれらのテキストを用いて使徒信条成立史を正確にたどる必要性を感じ，本書を生み出した。ケリー（1972 年）や，後述のキンツィッヒら（1999 年）の研究を踏まえ，これまでの使徒信条成立史研究を新たに塗り替えた力作である。

ヴェストラの大きな貢献は二点，挙げることができる。一つは，古ローマ信条（R）の前段階の信条として，proto-R を探り当てたことである。ケリーのところで触れたように，ヒッポリュトスの『使徒伝承』の信ぴょう性が揺らいでしまったため，ケリーの説に再考が必要となった。ヴェストラはこれまでの通史研究を踏まえ，proto-R（250 年頃には存在）の具体的文言を示した。この proto-R があらゆる西方信条の「親」「根」とも言えるべきものであるという説を唱えた。proto-R は当時の信条の共通項を探り当てたものであるが，当時の信条がまだ流動的だったことを考えれば，妥当な説と言えるだろう。

ヴェストラのもう一つの貢献は，地域信条の研究である。ガリア，スペイン，アフリカ，北イタリア，ローマ，ラテンバルカン，アイルランドの地域の合計 38 の信条を挙げ，それらを比較・研究し，各地域の信条の特徴

を示している。なぜ38の信条なのか。それは，特定の日付に特定の場所で用いられていた信条の正確で信頼に値する史料が必要だからである。これらの38の信条テキスト（すべて西方のラテン語のもの）を並べ，項目ごとに比較し，それぞれの地域にどのような特徴があったのかを示している。その上で，五つの地域信条を定義し，それぞれの信条の原型を推定し，発展を踏まえた上で，その地域の特徴を示していった。

- W. Kinzig, C. Markschies, M. Vinzent, *Tauffragen und Bekenntnis. Studien zur sogenannten "Traditio Apostolica", zu den "Interrogationes de fide" und zum "Römischen Glaubensbekenntnis"*, Berlin, New York: Walter de Gruyter, 1999
- W. Kinzig and M. Vinzent, Recent Research on the Origin of the Creed, in *Journal of Theological Studies*, NS, Vol.50/2, Oxford University Press, Oct. 1999, pp.535-559

キンツィッヒは1960年生まれ。アレクサンドリアのキュリロス，古代教会信条史などの専門家。ラインラント州のボンにあるフリードリヒ・ヴィルヘルム大学の教授。

最初に挙げたドイツ語のものは，キンツィッヒを含めた三人それぞれの長い論文が収められている著作。二番目に挙げたものは，最初のものをコンパクトに英語でまとめた論文である。

「古ゲラシウス典礼」の第二項の「生まれ，受難した」（natum et passum）に注目し，このシンプルな定式は，さまざまな証拠からかなり原始的な特徴を持つと主張。古ローマ信条（R）以前にはこの型の信条が主流であり，洗礼の質問などで盛んに用いられたとの説を展開している。

また，アンキュラのマルケロスが教皇ユリウスへ手紙を書き（340年），その中に記された信条が東方から西方に伝えられたという説を支持。つまり，西方はそれまで古ローマ信条（R）のような信条は持たず，東方からマルケロスによって4世紀に輸入されたとの説を主張している。ただし，2017年のキンツィッヒの信条コレクションでは，この説を慎重に考えるようになったと記している。

- *The Oxford Handbook of Early Christian Studies*（Oxford: Oxford University Press, 2008）

*The Oxford Handbook* シリーズの事典。この書の21.1.2にThe Apostles' Creedという項目が，ほぼ2頁にわたる長さで収められ，これまでの使徒

信条成立史研究が取り上げられている。その前半がキンツィッヒらの説（1999 年）の紹介，後半がヴェストラの説（2002 年）の紹介となっている。2010 年代は，キンツィッヒの 4 巻本の信条コレクションは出版されたが（2017 年），さほど新しい主張が出てきているわけではないため，今なお両者の説が主流であると言えるだろう。

ちなみに，2019年夏にオックスフォードで行われた「国際教父学会」（18th International Patristics Conference, 19th - 23rd August 2019, Oxford）の講演の一つとして，キンツィッヒの "What's in a Creed? A New Perspective on Old Texts" が行われた。

• Edited, annotated, and translated by W. Kinzig, *Faith in Formulae: A Collection of Early-Christian Creeds and Creed-related Texts*. 4 vols., New York: Oxford University Press, 2017

信条および関連するテキストを編集した 4 巻本の信条コレクションである。通し番号としては §863 まである。しかもそれぞれのセクションには複数の信条が収められている場合もあり，数自体はさらに多く，信条にかかわるほぼすべてがここに収められていると言ってよいだろう。それらの信条の原文（ラテン語，ギリシア語，他）と英語訳を提供してくれている（これまでの信条コレクションは原文のみ，英訳のみといったものだった）。既存の信条コレクションをほぼ 100 年ぶりに新たなものに塗り替えた労作。

第 1 巻の第 1 章のところで，キンツィッヒの信条成立史の考えもまとめられている。これまでのキンツィッヒの主張に加え，4 世紀以降にローマから各地域へ地域信条が広まり発展していくにあたり，東方からの固定化された宣言的な信条の影響や，コンスタンティヌス帝による影響（受洗志願者が急増し，これまでの信条の「伝達」（traditio）と「復唱」（redditio）では対応しきれず，固定化された信条の必要性が高まった）を自説に付け加えている。

キンツィッヒによって新たな信条コレクションが出版されたが，これまでのものについて触れておく。信条コレクションとして，長きにわたり権威を保ち続けたのは，ハーンのものである。アウグスト・ハーン（1792-1863）は 1842 年に *Bibliothek der Symbole und Glaubensregeln der Apostolisch-katholischen Kirche* を出版した。ハーンは正統ルター派へ転向した後，ライプチヒ大学の教義学，歴史神学，倫理学，実践神学，新約聖書の釈義の教授として活躍した。1877 年に，アウグスト・ハーンの息子でヴロツワフ大

学の新約と教会史の教授であるゲオルク・ルートヴィヒ・ハーン（1823-1903）が，「ほとんどあらゆる点で，タイトルに含まれているように，新しい本である」と彼が認めている第2版を発行した。そして最終的に，1897年に第3版を生み出し，かなりの信条テキストが付け加えられた（第1版は82だったものが，第2版では161となり，第3版では246となった）。

その他にも大小，さまざまな信条コレクションが生み出されてきたが，ハーンのこの信条コレクションは取って代わられることはなく，現代においても標準的なツールとして用いられ続けてきた。しかしながら，ハーンのコレクションから100年以上が経過しているし，新たな信条テキストも加えられるべきであることは明らかである。現代において欠けているのは，第一に，ハーンのコレクションを刷新すること，第二に，ハーンのコレクションは多少の解説などは加えられているものの，信条テキストの原文（ギリシア語，ラテン語，他）のみの提供が基本であり，翻訳がないことである。キンツィッヒは，英語訳によってギリシア語とラテン語のテキストに容易にアクセスでき，同時に，信条のさらなる研究を刺激するために，包括的で最新の史料を提供する信条コレクションを編纂したのである。この労作は，キリスト教の出現から814年のカール大帝の死までの信仰告白と信条が守備範囲であるが，ハーン以来の信条コレクションの権威を塗り替えるものとして，高く評価されるべきであり，今後もしばらく使い続けられるものとなるだろう。

- J. Pelikan & V. Hotchkiss, eds., *Creeds & Confessions of Faith in the Christian Tradition*, 4 vols., New Haven & London: Yale University Press, 2003

教理史家のペリカンらが編集した信条コレクション。諸信条の成立史を記述するものではないが，聖書の言葉から出発し，使徒教父，教父の信仰の基準，教会会議や地域会議の信条，ニカイア・コンスタンティノポリス信条などの世界信条，またその後の現代に至るまでの諸信条を紹介しているものである。全部で225以上の信条が収められていて，すべてではないが簡単な解説が付けられているものも多い。しかし英訳のみであり，信条の原文は示されていない。

## その他の文献

- 『一致信条書――ルーテル教会信条集』（信条集専門委員会訳，教文館，

2006 年）
- 『改革教会信仰告白集――基本信条から現代日本の信仰告白まで』（関川泰寛，袴田康裕，三好明編，教文館，2014 年）
- 『改革派教会信仰告白集』V（一麦出版社，2012 年）
- 『カトリック教会文書資料集』（H. デンツィンガー編，A. シェーンメッツァー増補改訂，浜寛五郎訳，エンデルレ書店，2002 年改訂 5 版 1 刷）
- 『神の力に生かされて』（鎌倉雪ノ下教会伝道開始 70 年記念誌，鎌倉雪ノ下教会伝道開始 70 年記念記念誌編集委員会，1988 年）
- 『キリストこそ我が救い』（日本基督教団日本伝道 150 年記念行事準備委員会編，日本基督教団出版局，2009 年）
- 『キリスト教古典叢書』第 8 巻，カルヴァン篇（日本基督教協議会文書事業部，キリスト教古典叢書刊行委員会編訳，新教出版社，1959 年）
- 『キリスト教組織神学事典』（東京神学大学神学会編，教文館，1972 年）
- 『キリスト教大事典』（改訂新版，教文館，1977 年）
- 『原典　古代キリスト教思想史』第 1 巻「初期キリスト教思想家」（小高毅編，1999 年，教文館）
- 『宗教改革著作集』第 15 巻（倉塚平他訳，教文館，1998 年）
- 『信仰の手引き――日本基督教団信仰告白・十戒・主の祈りに学ぶ』（日本基督教団宣教研究所，日本キリスト教団出版局，2010 年）
- 『ドチリイナ・キリシタン』（宮脇白夜訳，聖母の騎士社，2007 年）
- 『日本キリスト教歴史大事典』（日本キリスト教歴史大事典編集委員会，教文館，1988 年）
- 『日本基督教団史資料集』第 1 巻（日本基督教団宣教研究所教団史料編纂室，日本基督教団出版局，1997 年）
- 『日本基督教団史資料集』第 2 巻（日本基督教団宣教研究所教団史料編纂室，日本基督教団出版局，1998 年）
- 『日本基督教団史資料集』第 3 巻（日本基督教団宣教研究所教団史料編纂室，日本基督教団出版局，1998 年）
- 『日本基督教団史資料集』第 4 巻（日本基督教団宣教研究所教団史料編纂室，日本基督教団出版局，1998 年）
- 『中世思想原典集成』4「初期ラテン教父」（上智大学中世思想研究所，平凡社，1999 年）
- 『中世思想原典集成』14「トマス・アクィナス」（上智大学中世思想研究所，平凡社，1993 年）

- アウグスティヌス『告白（上）』（服部英次郎訳，ワイド版岩波文庫，2006年）
- レイモンド・アバ『礼拝――その本質と実際』（滝沢陽一訳，日本キリスト教団出版局，4 版（新装）発行，1992 年）
- 雨宮栄一『日本キリスト教団教会論』（教会と宣教双書 9，新教出版社，1981 年）
- 石原謙『日本キリスト教史論』（新教出版社，1967 年）
- 『植村正久と其の時代』第 3 巻（教文館，1976 年復刻再版）
- 『植村正久著作集』6（新教出版社，1967 年）
- エイレナイオス『異端反駁』（小林稔訳，『キリスト教教父著作集』第 3/I 巻，教文館，1999 年）
- 遠藤勝信他『礼拝における讃美』（福音讃美歌協会編，いのちのことば社，2009 年）
- 落合建仁『日本プロテスタント教会史の一断面――信仰告白と教会合同運動を軸として』（日本キリスト教団出版局，2017 年）
- 小野静雄『日本プロテスタント教会史㊤』（明治・大正篇，聖恵授産所出版部，1986 年）
- 小野静雄『日本プロテスタント教会史㊦』（昭和篇，聖恵授産所出版部，1986 年）
- H. O. オールド『改革派教会の礼拝』（金田幸男，小峯明訳，教文館，2012年）
- 『加藤常昭説教全集』第 27 巻「使徒信条」（教文館，2006 年）
- 加納和寛『アドルフ・フォン・ハルナックにおける「信条」と「教義」』（教文館，2019 年）
- ジャン・カルヴァン『キリスト教綱要』（改訳版第 1 篇・第 2 篇，渡辺信夫訳，新教出版社，2007 年）
- 菊地純子「M. ブツァーの 1539 年の礼拝再現」（『改革教会の礼拝と音楽』5 号，2001 年）
- 『熊野義孝全集』第 5 巻（新教出版社，1979 年）
- C. E. B. クランフィールド『使徒信条講解』（関川泰寛訳，新教出版社，1995 年）
- J. N. D. ケリー『初期キリスト教教理史　上』（津田謙治訳，一麦出版社，2010 年）

- 関川泰寛『ニカイア信条講解――キリスト教の精髄』（教文館，1995 年）
- 関川泰寛『二つの信仰告白に学ぶ―― 1890 年に制定された日本基督教会信仰の告白と 1954 年に制定された日本基督教団信仰告白』（教会叢書 5，全国連合長老会出版委員会，2003 年）
- 出村彰『スイス宗教改革史研究』（日本基督教団出版局，1971 年）
- 土肥昭夫『日本プロテスタントキリスト教史』（新教セミナーブック 2，新教出版社，1980 年）
- W. ナーゲル『キリスト教礼拝史』（松山與志雄訳，教文館，2007 年）
- 芳賀繁浩『ブツァーとカルヴァン』（大森講座 XI，新教出版社，1996 年）
- 藤本満『わたしの使徒信条――キリスト教信仰の神髄』（いのちのことば社，2011 年）
- 堀光男『日本の教会と信仰告白』（新教出版社，1970 年）
- 由木康『礼拝学概論　新版』（新教出版社，2011 年）
- J. A. ユングマン『ミサ』（福地幹男訳，オリエンス宗教研究所，1992 年）
- J. A. ユングマン『古代キリスト教典礼史』（石井祥裕訳，平凡社，1997 年）
- 『ルター著作集』第 1 集 第 2 巻（内海季秋他訳，聖文舎，1963 年）
- 『ルター著作集』第 1 集 第 6 巻（福山四郎他訳，聖文舎，1963 年）
- 『ルター著作集』第 1 集 第 8 巻（福山四郎他訳，聖文舎，1971 年）

- J. J. Armstrong, “From the κανὼν τῆς ἀληθείας to the κανὼν τῶν γραφῶν: The Rule of Faith and the New Testament Canon”, in R. J. Rombs & A. Y. Hwang eds., *Tradition & The Rule of Faith in the Early Church*, Washington, D.C.: The Catholic University of America Press, 2010
- J. A. Jungmann, trans. F. A. Brunner, *The Mass of the Roman Rite: Its Origins and Development*, 2 vols., New York: Benzinger, 1951-55
- J. N. Lenker, ed., *The Precious and Sacred Writings of Martin Luther*, vol.9, Minneapolis: Lutherans in all lands co., 1903
- W. D. Maxwell, *An Outline of Christian Worship Its Development and Forms*, London: Oxford University Press, 1936
- Rufinus, *A Commentary on the Apostles' Creed*, Translated and Annotated by J. N. D. Kelly, London: Longmans, 1995
- W. Kinzig, The Creed in the Liturgy: Prayer or Hymn? in A. Gerhards & C. Leonhard, eds., *Jewish and Christian Liturgy and Worship*, Leiden/Boston: Brill,

2007

- L. H. Westra, Cyprian, the Mystery Religions and the Apostles' Creed an Unexpected Link, in Henk Bakker, Paul van Geest, & Hans van Loon, eds., *Cyprian of Carthage: Studies in his Life, Language, and Thought*, Leuven: Peeters, 2010
- L. H. Westra, How Did Symbolum Come to Mean "Creed"?, in *Studia Patristica,* vol. XLV, 2010